T0198483

essentials

essentials liefern aktuelles Wissen in konzentrierter Form. Die Essenz dessen, worauf es als „State-of-the-Art" in der gegenwärtigen Fachdiskussion oder in der Praxis ankommt. *essentials* informieren schnell, unkompliziert und verständlich

- als Einführung in ein aktuelles Thema aus Ihrem Fachgebiet
- als Einstieg in ein für Sie noch unbekanntes Themenfeld
- als Einblick, um zum Thema mitreden zu können

Die Bücher in elektronischer und gedruckter Form bringen das Expertenwissen von Springer-Fachautoren kompakt zur Darstellung. Sie sind besonders für die Nutzung als eBook auf Tablet-PCs, eBook-Readern und Smartphones geeignet. *essentials:* Wissensbausteine aus den Wirtschafts-, Sozial- und Geisteswissenschaften, aus Technik und Naturwissenschaften sowie aus Medizin, Psychologie und Gesundheitsberufen. Von renommierten Autoren aller Springer-Verlagsmarken.

Weitere Bände in der Reihe http://www.springer.com/series/13088

Jana Brauweiler · Anke Zenker-Hoffmann
Markus Will

Arbeitsschutz-managementsysteme nach ISO 45001:2018

Grundwissen für Praktiker

2., vollständig überarbeitete und aktualisierte Auflage

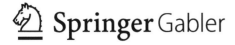

Jana Brauweiler
Professorin für Integrierte Management-
systeme, Fakultät Natur- und
Umweltwissenschaften, Hochschule
Zittau/Görlitz
Zittau, Deutschland

Markus Will
Fakultät Natur- und Umweltwissen-
schaften, Hochschule Zittau/Görlitz
Zittau, Deutschland

Anke Zenker-Hoffmann
Fakultät Natur- und Umweltwissen-
schaften, Hochschule Zittau/Görlitz
Zittau, Deutschland

ISSN 2197-6708   ISSN 2197-6716   (electronic)
essentials
ISBN 978-3-658-24408-8   ISBN 978-3-658-24409-5   (eBook)
https://doi.org/10.1007/978-3-658-24409-5

Die Deutsche Nationalbibliothek verzeichnet diese Publikation in der Deutschen Nationalbiblio-
grafie; detaillierte bibliografische Daten sind im Internet über http://dnb.d-nb.de abrufbar.

Springer Gabler
Ursprünglich erschienen unter dem Titel: Arbeitsschutzmanagementsysteme nach OHSAS
18001. Grundwissen für Praktiker

Springer Gabler ist ein Imprint der eingetragenen Gesellschaft Springer Fachmedien Wiesbaden
GmbH und ist ein Teil von Springer Nature
Die Anschrift der Gesellschaft ist: Abraham-Lincoln-Str. 46, 65189 Wiesbaden, Germany

Was Sie in diesem *essential* finden können

- Eine kompakte Erläuterung der High Level Structure für Managementsysteme.
- Eine detaillierte Beschreibung jeder einzelnen Normanforderung der ISO 45001:2018.
- Eine Interpretation der Normanforderungen aus Sicht von Auditoren und Praktikern.
- Konkrete Umsetzungshinweise zur Erfüllung der Normanforderungen in Organisationen mittels Formblättern und Beispielen.

Vorwort

Dieses *essential* ist eine grundlegend überarbeitete Auflage der 1. Auflage des *essentials* „Arbeitsschutzmanagementsysteme nach OHSAS 18001 – Grundwissen für Praktiker" aus dem Jahr 2014. Die Überarbeitung ist erforderlich geworden, da im Jahr 2018 die OHSAS 18001 durch die neu entwickelte ISO 45001 abgelöst wurde. Die ISO 45001 wurde, wie zuvor schon andere Managementsystemstandards, gemäß der High Level Structure (HLS) konzipiert und umfasst gegenüber der OHSAS 18001 einige neue und geschärfte Anforderungen an ein Arbeits- und Gesundheitsschutzmanagementsystem. Das *essential* erläutert diese in kompakter Form und gibt anhand praktischer Beispiele Hinweise und Hilfestellung für die Entwicklung eines solchen Systems in Organisationen. Der Begriff Organisation ist ein Oberbegriff der Norm für Unternehmen, Konzern, Firma, Behörden, Wohltätigkeitsorganisation und ähnliches, unabhängig von den Eigentumsverhältnissen. Das *essential* wurde von Wissenschaftlern geschrieben, die langjährige Beratererfahrungen bei der Einführung und Auditierung von Managementsystemen in Organisationen unterschiedlicher Branchen haben. Die enthaltenen Formblätter und Beispiele ermöglichen einen direkten Einsatz in der betrieblichen Praxis.

Leitfaden für den Leser
Dieses *essential* eignet sich für unterschiedliche Lesetypen und persönliche Zeitbudgets. Hier unsere Empfehlungen:

- Sie haben wenig Zeit oder kennen sich bereits mit der Thematik aus und möchten sich schnell einen Überblick verschaffen? Dann blättern Sie durch und konzentrieren sich auf die enthaltenen Formblätter und Tabellen.

Bestimmt finden Sie Stellen, die Sie besonders interessieren und in die Sie sich vielleicht ein anderes Mal vertiefen wollen. **Lektürezeit: etwa 15 min.**

- Sie haben etwas mehr Zeit zur Verfügung und möchten wissen, welche Aspekte zu einem Arbeits- und Gesundheitsschutzmanagementsystem in diesem Buch angesprochen werden? Dann lesen Sie die am Anfang der Kapitel stehenden Erläuterungen zu den Normanforderungen der ISO 45001:2018. **Lektürezeit: etwa 45 min.**

- Sie wollen dieses essential als Einstieg in das Thema oder als Auffrischung nutzen? Dann laden wir Sie ein, die Texte gründlich zu lesen und sich ggf. Notizen zu machen oder ihren Vortrag oder ihre Präsentation nebenbei zu beginnen. Vielleicht finden Sie in unseren Literaturempfehlungen auch Publikationen, mit denen Sie einzelne Aspekte vertiefen können. **Lektürezeit: mindestens 3 h.**

Jana Brauweiler
Anke Zenker-Hoffmann
Markus Will

Inhaltsverzeichnis

Über die Autoren

Prof. Dr. Jana Brauweiler, Professorin für Integrierte Managementsysteme, Fakultät Natur- und Umweltwissenschaften, Hochschule Zittau/Görlitz, Theodor-Körner-Allee 16, 02763 Zittau, j.brauweiler@hszg.de

Anke Zenker-Hoffmann, Diplom-Kauffrau/Referentin für Umweltschutzmanagement, wissenschaftliche Mitarbeiterin im Bereich umweltorientierte Unternehmensführung, Fakultät Natur- und Umweltwissenschaften, Hochschule Zittau/Görlitz, Theodor-Körner-Allee16, 02763 Zittau, a.zenker-hoffmann@hszg.de

Markus Will, Dipl.-Ing. (FH), Mitarbeiter im Studiengang Ökologie und Umweltschutz und an der Professur Integrierte Managementsysteme, Fakultät Natur- und Umweltwissenschaften, Hochschule Zittau/Görlitz, Theodor-Körner-Allee 16, 02763 Zittau sowie Geschäftsführer beim Institut für Nachhaltigkeitsanalytik und -management UG, m.will@hszg.de

Abkürzungsverzeichnis

AA	Arbeitsanweisung
AMS	Arbeitsschutzmanagementsystem
ArbSchG	Arbeitsschutzgesetz
ArbStättV	Arbeitsstättenverordnung
ArbZG	Arbeitszeitgesetz
ASA	Arbeitsschutzausschuss
ASCA	Arbeitsschutz und sicherheitstechnischer Check in Anlagen
ASiG	Arbeitssicherheitsgesetz
ASR	Arbeitsstättenregeln
BetrSichV	Betriebssicherheitsverordnung
ChemG	Chemikaliengesetz
DIN	Deutsches Institut für Normung
DGUV	Deutsche Gesetzliche Unfallversicherung
GefStoffV	Gefahrstoffverordnung
HLS	High Level Structure
IND	Internes Dokument
ISO	International Standardization Organization
JArbSchG	Jugendarbeitsschutzgesetz
KVP	Kontinuierlicher Verbesserungsprozess
MS	Managementsystem
MuSchG	Mutterschutzgesetz
NLF	Nationaler Leitfaden
OHRIS	Occupational Health- and Risk-Managementsystem
OHSAS	Occupational Health Safety Assessment Series

ONR	ON-Regel
PLK	Prozesslandkarte
ProdSG	Produktsicherheitsgesetz
ProdSV	Produktsicherheitsverordnung
REACH	Registration, Evaluation, Authorisation and Restriction of Chemicals
SCC	Safety Certification Contractors
SCP	Safety Certification Personaldienstleister
SGA	Sicherheit und Gesundheit bei der Arbeit
SGB	Sozialgesetzbuch
SiB	Sicherheitsbeauftragter
SiFa	Fachkraft für Arbeitssicherheit
TRBS	Technische Regeln für Betriebssicherheit
VDI	Verein Deutscher Ingenieure
Vfdb	Vereinigung zur Förderung des deutschen Brandschutzes
VZÄ	Vollzeitäquivalente

Notwendigkeit für Managementsysteme für Sicherheit und Gesundheit bei der Arbeit

1

Durch die umfangreichen Anforderungen des staatlichen und berufsgenossenschaftlichen Arbeitsschutzrechts ist eine Organisation dazu verpflichtet, für die Sicherheit und den Gesundheitsschutz der Beschäftigten bei der Arbeit zu sorgen. Die aus diesen Gesetzen, Verordnungen, Richtlinien und Vorschriften abzuleitenden unternehmerischen Handlungspflichten sind entsprechend komplex und beziehen sich sowohl auf die normative, strategische als auch operative Managementebene. So sind Arbeitgeber verpflichtet, Gefährdungsbeurteilungen von Arbeitsplätzen vorzunehmen, den Arbeits- und Gesundheitsschutz kontinuierlich zu verbessern, Verantwortlichkeiten im Arbeitsschutz zu definieren, die Mitarbeiter zu informieren und zu schulen, die Einhaltung der arbeitsschutzrechtlichen Regelungen zu überwachen usw.[1]

Um diese Aufgaben systematisch und formalisiert durchführen zu können, ist die Implementierung eines betrieblichen Arbeits- und Gesundheitsschutzmanagementsystems zweckmäßig. Denn durch ein Managementsystem können diese Anforderungen strukturiert und kontinuierlich geplant, umgesetzt, überprüft und verbessert werden.[2]

Neben der gesetzlichen Pflicht für einen umfassenden Arbeits- und Gesundheitsschutz gibt es noch weitere Gründe für ein systematisches Arbeitsschutzmanagement in Organisationen, wie z. B.:[3]

---

[1]Vgl. Brauweiler, Zenker-Hoffmann, Will, Wiesner, 2018, Arbeitsschutzrecht, *essential*.

[2]Vgl. ISO 45001:2018, S. 9.

[3]Siehe ausführlicher https://www.baua.de/DE/Angebote/Publikationen/Praxis/A97.html, eine Publikation der Bundesanstalt für Arbeitsschutz und Arbeitsmedizin (BAuA) mit Zahlen, Daten und Fakten zur Entwicklung von Arbeitsschutz, Unfällen, Erkrankungen und den damit verbundenen Kosten.

© Springer Fachmedien Wiesbaden GmbH, ein Teil von Springer Nature 2019   1
J. Brauweiler et al., *Arbeitsschutzmanagementsysteme nach ISO 45001:2018*,
essentials, https://doi.org/10.1007/978-3-658-24409-5_1

Tab. 1.1   Überblick über nationale und internationale Leitfäden/Normen für Arbeitsschutz-management

Gestaltungsebene/Träger	AMS-Konzepte/Handlungshilfen
Internationale Ebene	
International Labour Organization (ILO)	ILO-OSH-MS 2001 „Technical Guide-lines on Occupational Safety and Health Management Systems"
ISO 45001:2018	Managementsystem für Sicherheit und Gesundheit bei der Arbeit – Anforderungen mit Anleitung zur Anwendung (ISO 45001:2018)
Britisch Standardization Institute	OHSAS 18001:2007 „Occupational Health Safety Assessment Series"
Trägergemeinschaft für Akkreditierung	„Safety Certification Contractors" (SCC) „Safety Certification Personaldienstleister" (SCP)
Nationale Ebene	
Bundesministerium für Wirtschaft und Arbeit, Oberste Arbeitsschutzbehörden der Länder, Träger der gesetzlichen Unfallver-sicherungen und Sozialpartner	Nationaler Leitfaden für Arbeitsschutz-managementsysteme (NLF)
Länderausschuss für Arbeitsschutz und Sicherheit	LV 58: Beratung der Länder zu und Umgang der Länder mit AMS
Ebene der Bundesländer	
Bayerisches Staatsministerium für Arbeit und Sozialordnung, Familien und Frauen	Occupational Health- and Risk-Manage-mentsystem (OHRIS)
Hessisches Sozialministerium	Arbeitsschutz und sicherheitstechnischer Check in Anlagen (ASCA)
Berufsgenossenschaften (Auswahl)	
Deutsche Gesetzliche Unfallversicherung (DGUV e. V.)	5 Bausteine für einen gut organisierten Betrieb
Berufsgenossenschaft der Bauwirtschaft	AMS-Bau
Verwaltungs-Berufsgenossenschaft	Mit System zum sicheren und gesunden Betrieb

- die Gesundheit ist das wichtigste Gut eines Menschen und Voraussetzung für eine hohe Motivation und Produktivität der Beschäftigten
- Arbeitsunfälle und Erkrankungen haben für jeden Betrieb hohe Kosten zur Folge und stören den Betriebsablauf empfindlich
- dadurch haben Arbeitsunfälle und Erkrankungen hohe volkswirtschaftliche Kosten zur Folge
- Arbeitsschutz und Arbeitssicherheit können neben Rechtssicherheit zu einem besseren Image als Arbeitgeber führen.

Für den Aufbau eines Arbeits- und Gesundheitsschutzmanagementsystems gibt es sowohl internationale als auch nationale Leitfäden und Normen sowie Standards der jeweiligen Berufsgenossenschaften (vgl. Tab. 1.1).

In diesem *essential* werden die Anforderungen an ein Arbeits- und Gesundheitsschutzmanagementsystem nach der ISO 45001 erläutert. Diese Norm ist ein internationaler und zertifizierungsfähiger Standard. Sie enthält Anforderungen an ein Managementsystem, die in niederschwelliger Form auch für die in Tab. 1.1 dargestellten Leitfäden/Normen charakteristisch sind. Somit ist das Verständnis der ISO 45001 eine sehr gute Voraussetzung auch für die Anwendung anderer Standards oder Leitfäden aus dem Arbeitsschutzmanagement.

Arbeitsschutzmanagementsysteme nach ISO 45001:2018

Die ISO 45001 wurde nach einem mehrjährigen Entwicklungsprozess gemäß den Anforderungen der High Level Structure (HLS) im Frühjahr 2018 als internationale Norm (ISO) veröffentlicht und ist im Juni 2018 als deutsche Norm DIN ISO 45001:2018 erschienen. Aus Gründen der sprachlichen Vereinfachung verwenden wir in diesem *essential* in der Regel die Kurzform ISO 45001.

Die HLS ist eine seit dem Jahr 2012 geltende Struktur für Managementsysteme. Sie gliedert die Anforderungen an ein Managementsystem in 10 Abschnitte. Während die Kap. 1–3 einführende Informationen zu Ziel, Anwendungsbereich und Begriffen der jeweiligen Normen enthalten, werden die inhaltlichen Anforderungen an ein Managementsystem in den Kap. 4–10 beschrieben. Die HLS stellt aber nicht nur eine übergeordnete Struktur für alle Managementsysteme dar, sie ist auch ein Leitfaden zur Erstellung neuer bzw. für die Revision vorhandener Managementsystem-Standards. Denn sie beinhaltet für jedes Element eines Managementsystems einen Basistext zu grundsätzlich zu berücksichtigenden Anforderungen, der normspezifisch ergänzt wird.

Die ISO 45001 löst den bisherigen internationalen Arbeitsschutzmanagementsystemstandard, die OHSAS 18001, ersatzlos ab. In einer dreijährigen Übergangsphase haben bisher nach OHSAS 18001 zertifizierte Unternehmen nun bis März 2021 die Pflicht, ihr Arbeits- und Gesundheitsschutzmanagementsystem auf die Anforderungen der ISO 45001 umzustellen (vgl. Kap. 11). Wichtig ist die Veränderung in der Terminologie: die bisherige Bezeichnung „Arbeits- und Gesundheitsmanagementsystem" wird zu „Managementsystem für Sicherheit und Gesundheit bei der Arbeit" (SGA-MS). Diese Bezeichnung wird in diesem *essential* entsprechend angewendet.

Die ISO 45001 umfasst, bedingt durch die HLS, einige völlig neue Anforderungen an ein SGA-MS, aber auch als notwendig erachtete geschärfte

J. Brauweiler et al., *Arbeitsschutzmanagementsysteme nach ISO 45001:2018*, essentials, https://doi.org/10.1007/978-3-658-24409-5_2

Anforderungen aus der OHSAS 18001. Zu den neuen Anforderungen zählen eine Betrachtung der:

- internen und externen Themen (Abschn. 4.1)
- interessierten Parteien (Abschn. 4.2)
- Risiken und Chancen (Abschn. 6.1.1).

Zu den geschärften Anforderungen gehören:

- die Aufgaben der Führung (Kap. 5)
- die Betonung der Beschaffung mit Betrachtung der Prozesse der Auftragnehmer und ausgegliederten Prozesse (Abschn. 8.1.4)
- der Fokus auf die fortlaufende Verbesserung der Leistung zur Sicherheit und Gesundheit bei der Arbeit (SGA-Leistung) (Kap. 10).

Weiterhin werden Begriffe definiert und auch sprachliche Vereinfachung vorgenommen:

- Es erfolgt keine Unterscheidung mehr zwischen Dokumenten und Aufzeichnungen, sondern es wird von „dokumentierten Informationen" gesprochen.
- Der Terminus „Rechtliche und andere Anforderungen" wird beibehalten.
- Das Managementsystem wird, wie oben erläutert, als SGA-MS definiert.

Abb. 2.1 zeigt den Aufbau eines SGA-MS gemäß ISO 45001 nach HLS und die zugrunde liegende prozessbezogene Managementphilosophie des plan-do-check-act-Zyklusses.

Die ISO 45001 enthält, wie jede andere Managementsystemnorm auch, ausschließlich Mindestanforderungen für Aufbau und Gestaltung eines SGA-MS. Es werden keine konkreten Anforderungen bzgl. konkreter SGA-Ziele, die erforderliche SGA-Organisationsstruktur, Prozessabläufe bzw. der tatsächlich zu erzielenden SGA-Leistung der Organisation festgelegt.[1] Auch spezifiziert sie keine Instrumente oder Methoden für die Umsetzung der Normanforderungen in der Praxis. Die Effektivität und Effizienz des SGA-MS hängt immer von der konkreten Ausgestaltung der Anforderungen durch die Organisation ab. In diesem *essential* geben wir Ihnen durch die enthaltenden Formblätter Hilfestellungen dazu.

---

[1]Vgl. ISO 45001:2018, S. 15.

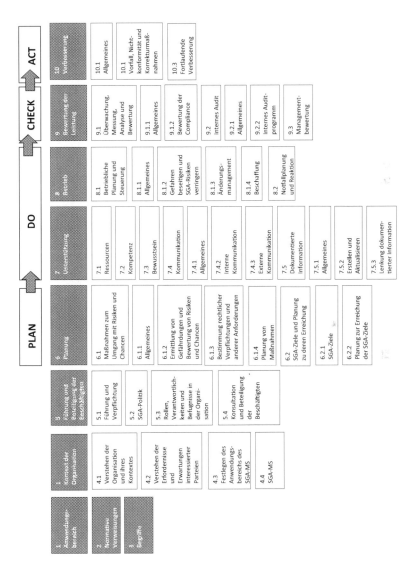

Abb. 2.1 Struktur der ISO 45001:2018 auf Basis der HLS

Die Normanforderungen der ISO 45001 werden wie folgt erläutert.

Anforderungen der Norm
Die Aussagen der ISO-Normen sind nicht immer gleich nachzuvollziehen. Deshalb werden in diesem Abschnitt die Anforderungen der ISO 45001 prägnant und in möglichst verständlicher Sprache wiedergegeben. Es wird erläutert, worin die Anforderung konkret besteht und ob die Erfüllung der Anforderung in Form einer „dokumentierten Information" bzw. „internen und/oder externen Kommunikation" nachgewiesen werden muss.

Was soll damit erreicht werden?
Hier interpretieren wir den Zweck der Normanforderung und machen diese verständlich. Wir stützen uns neben eigenen Erfahrungswissen im Schwerpunkt auf die Erläuterungen des Anhangs der ISO 45001 sowie einer Interpretation der Normanforderungen von Ecker und Köchling.[1]

Hilfestellungen für die Umsetzung in der Praxis
Hier finden Sie Tipps für die Umsetzung der Normanforderung in der Praxis. Die erforderlichen Umsetzungsschritte und Lösungsansätze werden anhand von Formblättern und Beispielen aufgezeigt. Sofern nicht anders angegeben basieren diese auf eigenen Quellen.

---

[1](vgl. Ecker und Köchling 2018).

© Springer Fachmedien Wiesbaden GmbH, ein Teil von Springer Nature 2019
J. Brauweiler et al., *Arbeitsschutzmanagementsysteme nach ISO 45001:2018*,
essentials, https://doi.org/10.1007/978-3-658-24409-5_3

Die nachfolgenden Kapitelüberschriften dieses *essentials* entsprechen denen der DIN ISO 45001, um Ihnen eine leichtere Orientierung zu ermöglichen. Aus Gründen der Komplexitätsreduzierung fokussiert das *essential* in erster Linie auf die Einführung bzw. Weiterentwicklung eines SGA-MS, ohne dabei explizit zu berücksichtigen, dass in den Organisationen vermutlich schon ein Qualitäts-, Umwelt- oder anderes Managementsystem vorhanden ist. Auf Integrationspotenziale oder Zielkonflikte zu anderen Managementsystemen wird in der Regel nicht eingegangen.

Den Kontext der Organisation bestimmen

4

Die Anforderungen aus Kap. 4 zur Kontextbestimmung sind durch die HLS neu aufgenommen worden und die Voraussetzung für die Festlegung des Anwendungsbereiches und die Ausgestaltung des SGA-MS.

4.1 Verstehen des Kontextes

Anforderungen der Norm
Die Organisation muss die internen und externen Themen bestimmen, die für das SGA-MS relevant sind. Dies umfasst politisch-rechtliche, ökologische, sozial-kulturelle, technologische und ökonomische Themen.

Was soll damit erreicht werden?
Durch das Einbringen der Analyse der internen und externen Themen (und der Analyse der interessierten Partien in Abschn. 4.2) soll in den Organisationen ein verstärktes Bewusstsein zum Umfeld in dem sie agieren und wie dieses im Rahmen des Managementsystems zu berücksichtigen ist, entwickelt werden. Es geht hier um das „große Ganze" in das eine Organisation oder eine Branche eingebettet ist und um inerne Faktoren, die eine Organisation zusammenhalten (vgl. Abb. 4.1).

Das „Verstehen des Kontextes" kann mit unterschiedlichen Perspektiven interpretiert werden:

1. Auswirkungen des Umfeldes auf die Organisation:
   - Unternehmerisches Handeln muss in Zeiten eines zunehmend komplexeren Marktgeschehens gleichermaßen reaktionsschnell und vorausschauend sein. Strategische Managemententscheidungen werden besser nicht ohne

© Springer Fachmedien Wiesbaden GmbH, ein Teil von Springer Nature 2019
J. Brauweiler et al., *Arbeitsschutzmanagementsysteme nach ISO 45001:2018*,
essentials, https://doi.org/10.1007/978-3-658-24409-5_4

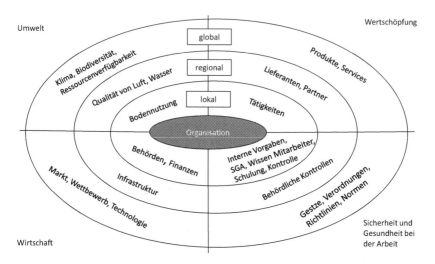

Abb. 4.1   Die Organisation und ihr Kontext. (Quelle: Ecker und Köchling 2018, S. 25)

eine genaue Analyse des Marktumfeldes und unter aktueller und zukünftiger
Beachtung technologischer Trends, politisch-rechtlicher Rahmenbedingungen
oder wissenschaftlicher Erkenntnisse getroffen. In Bezug auf ein SGA-MS
geht es hier um Themen wie neue Stoff- oder Produktbewertungen, Auswirkungen der Globalisierung auf die Gestaltung der Lieferkette oder (sich
verändernde) Wahrnehmungen und Werte externer interessierter Parteien,
z. B. zu den Arbeitsbedingungen entlang der Lieferkette. Oftmals äußern
sich Trends dieser externen Themen mittelfristig ganz konkret in Form von
Gesetzesänderungen (z. B. BetrSichV, ArbStättV, REACH) oder Selbstverpflichtungen.

2. Auswirkungen der Tätigkeiten der Organisation auf das Umfeld:
   – Organisationen sind in globale Wertschöpfungsketten eingebunden. Die Art
   und Weise, mit welchem Arbeitsschutzstandard Organisationen in dieser
   Kette wirtschaften und ihre humanen Ressourcen beanspruchen, hat Auswirkungen auf das Umfeld und die Gesellschaft. Seit Jahrzehnten lagern
   z. B. deutsche Textilunternehmen arbeitsintensive Prozesse in asiatische
   Billiglohnländer aus. Selbstverpflichtungen Auftrag gebender Unternehmen

und damit verbundene ernsthafte Entwicklungen zur Gewährleistung des erforderlichen Arbeits- und Arbeitsschutzstandards werden in der Regel erst durch den öffentlichen Druck von Verbrauchern oder Nichtregierungsorganisationen auf Basis tragischer Arbeitsunfälle realisiert.

3. Auswirkungen interne Merkmale und Bedingungen einer Organisation:
   – Mindestens genauso wichtig ist der Blick in die Organisation hinein. Es gibt bestimmte Routinen und Tätigkeiten in Organisationen die verhindern, dass eine Anpassung an externe Faktoren stattfindet oder dass externe Auswirkungen vermindert werden. Weiterhin müssen für die Etablierung und Weiterentwicklung eines Managementsystems bestimmte interne Bedingungen gegeben sein, dazu gehören z. B. Führungsstil, Organisationsstruktur, Rollen, Wissen und Kompetenzen, Entscheidungsprozesse, Informationsflüsse, Arbeitszeitvereinbarungen oder Arbeitsbedingungen.

A.4.1 der ISO 45001 gibt weitere Beispiele für relevante externe und interne Themen eines SGA-MS.

Hilfestellungen für die Umsetzung in der Praxis
Organisationen müssen eine für sie passende Methodik entwickeln, wie sie regelmäßig die externen und internen Themen erfassen und bewerten und daraus Ableitungen für ihr SAG-MS treffen. Bei der Bewertung der Themen sollte gemäß der Anforderungen aus dem noch folgenden Abschn. 6.1.1 auch eine Risiko- und Chancenbetrachtung vorgenommen werden. Abb. 4.2 stellt eine einfache Analyseform, gegliedert nach technischen, ökonomischen, sozialen und politisch/rechtlichen Faktoren dar.

Eine reine Themensammlung ist allerdings nicht ausreichend, aussagekräftig und praktikabel im SGA-MS wird diese erst, wenn eine Bewertung der Relevanz der Themen für das Managementsystem vorgenommen wird (vgl. Abb. 4.2). Hilfreich sind dabei folgende Fragestellungen:

- Wirken sich die Änderungen positiv oder negativ auf die SGA-Leistung der Organisation aus? Welche Risiken und Chancen sind damit verbunden?
- Womit kann das SGA-Management reagieren? Wie stark sind die Einflussmöglichkeiten?
- Welche Entwicklungen im Umfeld der Organisation können das Arbeitsschutzmanagement beeinflussen?

Themenbereich	Externe Themen	Risiko (R)/Chance (C)	Auswirkungen auf das SGA-MS/erforderliche Regelungen
Politisch-rechtlich	Gesetzes- oder Vorschriftenänderungen (z. B. DGUV-Vorschriften)	Ggf. Investitionen, Produkt-, Prozessänderungen erforderlich (R)	• Anpassung Rechtskataster, Handlungspflichten neu bewerten, Schulungen/Unterweisungen durchführen
Ökologisch	Einhaltung genehmigungsrechtlicher Anforderungen im Bereich Lärmschutz	Rechtskonformität (C)	• Externe Kommunikation: Berichtspflicht gegenüber • Genehmigungsbehörde
Sozial-kulturell	Trend zur verstärkten Wahrnehmung arbeits- und gesundheitsschutzrelevanter Arbeitsbedingungen	Organisationsentwicklung (C)	• Interne und externe Kommunikation über • Arbeitsschutzstandards
Technologisch	Sicherstellung des aktuellen Standes der Technik	Rechtskonformität (C)	• Regelmäßige Gefährdungsbeurteilungen
Ökonomisch	Hoher Konkurrenzdruck, schnellere und preisgünstigere Wettbewerber	Attraktivität als Arbeitgeber (C)	• Externe Kommunikation: Bestehenden • Arbeitsschutzniveau als Wettbewerbsvorteil kommunizieren

Themenbereich	Internes Thema	Risiko (R)/Chance (C)	Auswirkungen auf das SGA-MS/erforderliche Regelungen
Politisch-rechtlich	Vorbildwirkung der Obersten Leitung und der Führungskräfte zum Thema Arbeits- und Gesundheitsschutz	Attraktivität als Arbeitgeber (C)	• Verpflichtungserklärung der Obersten Leitung • Pflichten- und Rechtedelegation
Ökologisch	Gefahrstoffe im Einsatz, die ggf. mittelfristig nicht mehr zugelassen sind	Ggf. Investition, Produkt-, Prozessänderungen erforderlich (R)	• Regelmäßige Substitutionsprüfung
Sozial-kulturell	Unterschiedliche Bildungsniveaus und ggf. nationale Herkunft der Beschäftigten	Heterogenität nicht ausreichend berücksichtigt (R)	• Zielgruppenangepasste Unterweisungen im SGA
Technologisch	Alter der Maschinen und Anlagen	Investitionsstau(R)	• Substitutionsprüfung durchführen • Wartung und Kontrolle
Ökonomisch	Ausfallzeiten durch Arbeits- und Wegeunfälle	Hohe Kosten (R)	• Unfallanalysen und Ableitung von Vorbeugemaßnahmen

Abb. 4.2   Formblatt Analyse der externen und internen Themen

4.2   Verstehen der Beschäftigten und anderen interessierten Parteien

Interne und externe Themen werden in der Regel durch interessierte Parteien artikuliert, diese zu erfassen ist eine weitere Anforderung der ISO 45001.

Anforderungen der Norm
Die Organisation muss neben den Beschäftigten die für das SGA-MS relevanten interessierten Parteien (synonym: Stakeholder, Interessensgruppen) bestimmen.

▶ **Definition** Beschäftigte sind Personen, die Arbeit oder arbeitsbezogene Tätigkeiten ausführen, die im Einflussbereich der Organisation stehen, unabhängig von der Art des Beschäftigungsverhältnisses (vgl. genauer Tab. 4.1).[1]

---

[1]Vgl. ISO 45001, Begriffe 3.3.

Tab. 4.1 Beschäftigte einer Organisation

Beschäftigungsformen	Beispiele
Bei der Organisation angestellte Beschäftigte	• die oberste Leitung • leitendes Personal und • nicht leitendes Personal
Nicht bei der Organisation angestellte Beschäftigte, soweit die Organisation Anteil am Einfluss auf ihre Arbeit oder arbeitsbezogene Tätigkeiten hat	• Beschäftigte von externen Anbietern • Auftragnehmer • Einzelpersonen • Leiharbeitnehmer

Nach Bestimmung der Beschäftigten, sind darüber hinaus existierende interessierte Parteien zu identifizieren.

▶ **Definition** Interessierte Parteien sind Personen oder Organisationen, intern oder extern (vgl. Tab. 4.2), die eine Entscheidung oder Tätigkeit beeinflussen, davon beeinflusst sein oder sich beeinflusst fühlen können.[2]

Nach der Identifikation der Beschäftigten und der interessierten Parteien, müssen deren Anforderungen (d. h. die Erfordernisse, Erwartungen) bestimmt werden, um zu prüfen, ob die Organisation daraus eine rechtliche oder andere Anforderung ableiten muss/kann.

Was soll damit erreicht werden?

Es ist wichtig, die Anforderungen der Beschäftigten und interessierten Parteien zu kennen, da sie zwei mögliche Verpflichtungen widerspiegeln:

a) rechtliche Verpflichtungen, die die Organisation erfüllen muss (z. B. die Einhaltung genehmigungsrechtlicher Anforderungen im Immissionsschutz)

b) andere, also nicht-rechtliche, Anforderungen, die die Organisation erfüllen muss (z. B. der Nachweis einer ISO 45001-Zertifizierung gegenüber dem Kunden) oder zu deren Erfüllung sie sich entschließt (z. B. freiwillige Selbstverpflichtungen).

Hilfestellungen für die Umsetzung in der Praxis

Für die Analyse der Beschäftigten und anderen interessierten Parteien (im Weiteren: Stakeholderanalyse) gibt es unterschiedliche methodische Ansätze. In Anlehnung an die interne und externe Themenanalyse kann auch hier eine Kategorisierung

---

[2]Vgl. ISO 45001, Begriffe 3.2.

Tab. 4.2 Interne und externe interessierte Parteien. (Quelle: ISO 45001, A.4.2, S. 58 f.)

Art der interessierten Partei	Beispiele
Intern	• Vertreter und Beauftragte aus anderen Unternehmens-teilen, Mutter-/Dachorganisationen • Vertreter der Beschäftigten • Beauftragte Berater
Extern	• Gesetzliche und regelsetzende Behörden • Unfallversicherungsträger • Lieferanten • Unterauftragnehmer • Arbeitnehmer- und Arbeitgeberorganisationen • Auftraggeber • Besucher • Die allgemeine Öffentlichkeit • Kunden • Medizinische und andere kommunale Dienstleister (z. B. Feuerwehr) • Hochschulen • Nichtregierungsorganisationen • Anwohner • Grundstückseigentümer • Wettbewerber • Regionale und überregionale Medien

nach technischen, ökonomischen, sozialen und politisch/rechtlichen interessierten Parteien vorgenommen und dabei die Themenanalyse ergänzt werden.

Auch hier ist eine reine Stakeholderliste nicht ausreichend. Um festlegen zu können, ob aus ihren Anforderungen rechtliche oder nicht-rechtliche Verpflichtungen resultieren, müssen die Anforderungen bewertet werden. Recht pragmatisch kann dies über eine Punktbewertung von Einfluss/Macht und Konfliktpotenzial des Stakeholders abgeleitet werden. Über eine Summenbildung der Punktbewertungen und der Definition von Schwellenwerten kann eine Priorisierung der Stakeholder, z. B. in A-, B- oder C-Stakeholder vorgenommen werden. Die Priorisierung spiegelt wider, ob aus den Anforderungen des Stakeholders eine rechtliche oder andere Verpflichtung resultiert und unterstützt die Organisation dabei, die erforderlichen Maßnahmen für das SGA-MS abzuleiten, wie z. B. Maßnahmen zur regelmäßigen externen Kommunikation mit der Genehmigungsbehörde. Auch hier macht es aufgrund der noch folgenden Anforderungen aus Abschn. 6.1.1 Sinn, eine Risiko- und Chancenbetrachtung zu integrieren (vgl. Abb. 4.3).

Externe Stakeholder	Thema	Einfluss/Macht*	Konfliktpotenzial	Bedeutung**	Auswirkungen auf das SGA-MS/ erforderliche Regelungen	Bindende Verpflichtung	Risiko (R) Chance (C)
Aufsichts-behörde	• Erfüllung der genehmigungs-rechtlichen Anforderungen z. B. zum Lärmschutz	3	3	A (6)	• Aufnahme der Informations-pflichten in das Kataster der bindenden Verpflichtungen	ja	Bußgeld (R)
Kunden	• Sichere und gesunde Produkte	2	2	B (4)	• Produktinformationen an Kunden	ja	Wettbewerbs-vorteil (C)
Anwohner	• Beschwerden über Geruchsemissionen	1	1	C (2)	• Investition in weitere Absauganlagen	nein	Negativimage (R)

Interne Stakeholder	Thema	Einfluss/Macht*	Konfliktpotenzial	Bedeutung**	Auswirkungen auf das SGA-MS/erforderliche Regelungen	Bindende Verpflichtung	Risiko (R) Chance (C)
Mitarbeiter	• Flexibilisierung der Arbeitszeiten	3	2	A (5)	• Einführung neuer Arbeits-zeitmodelle mit Betriebsrat prüfen	ja	Motivation der Mitarbeiter (C)
Führungs-kräfte	• Personelle und sachliche Ressourcen für das SGA-MS	3	2	A (5)	• Verpflichtungserklärung der Obersten Leitung zur SGA-Organisation	ja	Zu geringe Ausstattung (R)

* Punktbewertung: ** Summe aus Einfluss/Macht + Konfliktpotenzial
3 = hoch   A –Stakeholder (6-5)
2 = mittel   B – Stakeholder (4-3)
1 = niedrig   C – Stakeholder (2-1)

Abb. 4.3 Formblatt Analyse der interessierten Parteien

Die Kontext- und Stakeholderanalysen liefern, wenn sie über eine reine Themen- und Stakeholderliste hinausgehen, Inputs für die Ausgestaltung des SGA-MS. So wirken sich Ergebnisse aus der Kontext- und Stakeholderanalyse direkt auf die Formulierung der SGA-Politik und indirekt auch auf die Festlegung der SGA-Ziele und -maßnahmen aus (vgl. Abb. 4.4).

4.3 Anwendungsbereich des SGA-MS festlegen

Anforderungen der Norm
Unter Berücksichtigung der:

- externen und internen Themen
- Anforderungen der interessierten Parteien
- geplanten oder durchgeführten arbeitsbezogenen Tätigkeiten und
- Tätigkeiten, Produkte und Dienstleistungen, die der Zuständigkeit und dem Einfluss der Organisation unterliegen und die sich auf die SGA-Leistung der Organisation auswirken können.

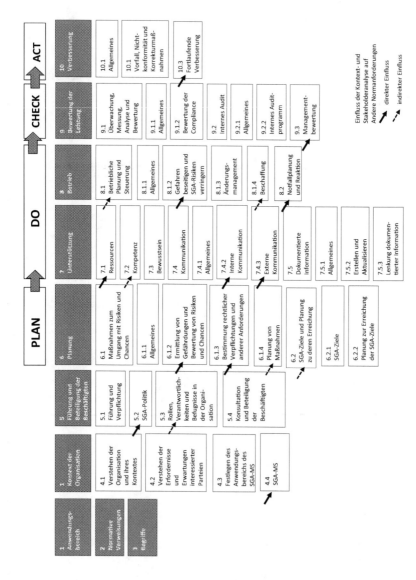

Abb. 4.4 Auswirkungen der Kontext- und Stakeholderanalyse auf das SGA-MS

muss die Organisation den Anwendungsbereich ihres SGA-MS festlegen. Der Anwendungsbereich muss als dokumentierte Information vorliegen.

Was soll damit erreicht werden?
Der Anwendungsbereich informiert über den Geltungsbereich und die Grenzen des SGA-MS, d. h. die einbezogene Prozesse, Unternehmensteile und Standorte sowie Ausschlüsse. Ausschlüsse von Standorten, Unternehmensteilen oder Prozessen müssen begründet werden.

Die Norm stellt es den Organisationen frei, welche Grenzen für das SGA-MS definiert werden. Die Erkenntnisse aus der Analyse der externen und internen Themen sowie der interessierten Parteien sollen dabei ausdrücklich einfließen. Weiterhin müssen standort- und prozessbezogene Steuerungsbefugnisse der obersten Leitung berücksichtigt werden. Ausdrücklich nicht erlaubt ist es, besonders SGA-relevante Prozesse oder Bereiche auszuschließen, denn der „... Anwendungsbereich ist eine sachliche und repräsentative Erklärung der Betriebsabläufe der Organisation innerhalb der Grenzen ihres SGA-MS, die interessierte Parteien nicht irreführen sollte."[3] Eine plausibel nachvollziehbare Festlegung der Ein- und Ausschlüsse des Anwendungsbereiches befördert die Glaubwürdigkeit des SGA-MS für die Beschäftigten und die anderen interessierten Parteien.

Hilfestellungen für die Umsetzung in der Praxis
Für die Festlegung des Anwendungsbereiches ist es hilfreich, sich einen Überblick über die internen sowie vor- und nachgelagerten Prozesse zu schaffen (siehe Abb. 4.4). Unter Beachtung:

- relevanter externer und interner Themen/Anforderungen interessierten Parteien
- Steuerungsmöglichkeiten durch die oberste Leitung und
- Relevanz für die SGA-Leistung.

kann definiert werden, welche Standorte, Betriebsteile und Prozesse in den Anwendungsbereich einbezogen werden. Es ist zu überlegen, ob und für welche vor- und nachgelagerten SGA-relevanten Prozesse die Organisation Verantwortung übernehmen kann. Wenn sich wichtige Anspruchsgruppen wegen der Abbaubedingungen verwendeter Rohstoffe oder den Arbeitssicherheitsbedingungen bei Lieferanten Sorgen machen, warum sollte dies aus dem

---

[3]ISO 45001, A.4.3, S. 59.

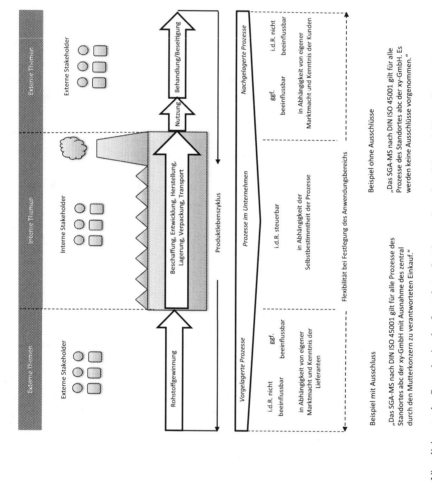

Abb. 4.5 Visualisierung der Spannbreite des festzulegenden Anwendungsbereiches mit Formulierungsbeispielen

Geltungsbereich ausgeschlossen werden? Anderseits müssen offensichtlich Grenzen gezogen werden. Trotz möglicher Verantwortungszuschreibungen können die Einflussmöglichkeiten beschränkt sein. Oftmals sind die Lieferantenbeziehungen nicht bis zur Ressourcenextraktion und die Zuliefer-Kundenbeziehungen nicht bis zum letzten Glied in der Kette zurück verfolgbar. Direkte Kontakte bestehen i. d. R. nur bis zur nächsten vor- bzw. nachgelagerten Ebene. Des Weiteren sind die Steuerungsmöglichkeiten stark abhängig von der Marktmacht der Organisation (vgl. Abb. 4.5).

4.4 SGA-Managementsystem

Kap. 4 schließt mit der Forderung, dass die Organisation entsprechend der Anforderungen der ISO 45001 Prozesse für ein SGA-MS aufbauen, verwirklichen, aufrechterhalten und verbessern muss. Einzelanforderungen werden in Kap. 4–10 spezifiziert. Wir verweisen also auf dieses Kapitel für weiterführende Informationen.

In Kap. 5 werden durch die HLS die Anforderungen an die oberste Leitung (synonym für Geschäftsführung, also Personen oder Personengruppe, die eine Organisation auf der obersten Ebene führt und steuert) und an die Beteiligung der Beschäftigten zusammengefasst.

5.1 Führung und Verpflichtung

Anforderungen der Norm

Es wird gefordert, dass die oberste Leitung in Bezug auf das SGA-MS Führungsverantwortung übernimmt und verpflichtend Engagement zeigt, ganz konkret in Bezug auf festgelegte Aufgaben (vgl. Tab. 5.1).

Was soll damit erreicht werden?

Die Aufgaben der obersten Leitung und der Führungskräfte im Rahmen eines SGA-MS sind nicht neu. Neu ist, dass durch die Norm die Aufgaben so konkret ausformuliert und in einem extra Kapitel zusammengefasst werden. Damit wird die besondere Bedeutung der Verantwortung der obersten Leitung im Rahmen des SGA-MS unterstrichen und ihre Führungsfunktion bei der Aufgabenerfüllung eingefordert. Die ISO 45001 fordert also eine Erweiterung des notwendigen „managen" durch vorgelebtes „führen". Ein „wegdelegieren" an den SGA-MS-Beauftragten soll verhindert und Wert auf die die aktive und vertrauensvolle Beteiligung der Beschäftigten, insbesondere auch in nicht arbeits- und gesundheitsschutzgerechten Situationen gelegt werden.

© Springer Fachmedien Wiesbaden GmbH, ein Teil von Springer Nature 2019   23
J. Brauweiler et al., *Arbeitsschutzmanagementsysteme nach ISO 45001:2018*,
essentials, https://doi.org/10.1007/978-3-658-24409-5_5

Tab. 5.1 Aufgaben der obersten Leitung im SGA-MS. (Quelle: ISO 45001, Kap. 5.1)

• Gesamtverantwortung und Rechenschaftspflicht für sichere und gesunde Arbeitsbedingungen zur Prävention arbeitsbezogener Verletzungen und Erkrankungen

• Festlegung der SGA-Politik und – Ziele im Kontext der strategischen Ausrichtung der
  Organisation

• Förderung und Sicherstellung eines kontinuierlichen Verbesserungsprozesses

• Integration der Anforderungen des SGA-MS in die Geschäftsprozesse

• Bereitstellung der erforderlichen Ressourcen für das SGA-MS

• Vermittlung der Bedeutung eines wirksamen SGA-MS und seiner Umsetzung

• Etablierung und Förderung einer SGA-Kultur in der Organisation

• Sicherstellung der Erreichung der beabsichtigten Ergebnisse des SGA-MS

• Anleitung der Mitarbeiter und Unterstützung der Führungskräfte bei der Umsetzung des
  SGA-MS

• Schutz der Beschäftigten vor Repressalien, wenn sie Vorfälle, Gefahren, Risiken und
  Chancen melden

• Etablierung von Prozessen zur Konsultation und Beteiligung von Beschäftigten

• Unterstützung von Aufbau und Arbeit SGA-relevanter Gremien

Hilfestellungen für die Umsetzung in der Praxis
Die oberste Leitung und die Führungskräfte sollen das SGA-MS nicht nur initi-
ieren, planen, steuern und prüfen (also managen), sondern bei der Wahrnehmung
der o. g. Aufgaben Engagement (Führung) zeigen:

• eine Vision und Strategie schaffen
• diese offensiv kommunizieren und vorleben
• ihre Umsetzung durch geeignete Instrumente wie ein betriebliches Vorschlagswesen, Konsultations-, Beteiligungs- und Meldeprozesse oder die Arbeit von
  SGA-Gremien fördern.

Es geht darum, als Ergebnis der Werte, Einstellungen, Führungspraktiken,
Kompetenzen und Tätigkeitsmustern jedes Einzelnen, aber insbesondere der
obersten Leitung und der Führungskräfte, auf allen Organisationsebenen eine
SGA-Kultur zu etablieren. Ein erster wichtiger Schritt ist ein schriftlich formu-
liertes Bekenntnis der Obersten Leitung zum SGA-MS (vgl. Abb. 5.1).

Durch die verabschiedete sowie intern und extern bekannt gemachte SGA-Politik verpflichtet sich die xy-GmbH zu einer Unternehmensentwicklung auf der Basis sicherer und gesunder Arbeitsbedingungen. Ihre Umsetzung wird durch die von der Geschäftsführung regelmäßig festgelegten SGA-Ziele und -Maßnahmen gewährleistet.

Die Verantwortung für das SGA-MS obliegt der Geschäftsführung. Sie gibt alle Festlegungen und Regelungen zum SGA-MS frei und setzt sie in Kraft. Um sicherzustellen, dass das SGA-MS in Übereinstimmung mit den Anforderungen der DIN ISO 45001 eingeführt, verwirklicht und aufrechterhalten wird, hat die Geschäftsführung einen SGA-Beauftragten der obersten Leitung bestellt und als Stabsstelle implementiert. Dieser berichtet regelmäßig der Geschäftsführung über den aktuellen Stand des SGA-MS und gibt Empfehlungen für dessen kontinuierliche Verbesserung.

Die Geschäftsführung stellt alle erforderlichen personellen, sachlichen und finanziellen Mittel zur Einführung, Verwirklichung und Aufrechterhaltung des SGA-MS auf allen Ebenen zur Verfügung und unterstützt die Arbeit von SGA-Gremien. Durch eine regelmäßige Überwachung und Messung wird die Eignung und Wirksamkeit des SGA-MS bewertet. Großer Wert wird auf die sofortige Meldung von Vorfällen, Gefahren, Risiken und Chancen an die jeweiligen Vorgesetzten und die Weiterleitung durch diese an die Geschäftsführung gelegt. Die Durchführung sich daraus ergebender Korrektur- oder Vorbeugemaßnahmen wird durch die Geschäftsführung angeordnet.

Im Rahmen von mindestens einmal jährlich stattfindenden internen SGA-Audits sowie Management-Reviews werden die Angemessenheit, der Umsetzungsstand, die Konformität und die Potenziale für die kontinuierliche Verbesserung des SGA-MS auf Initiative und unter Mitwirkung der Geschäftsführung systematisch analysiert und Festlegungen für die kontinuierliche Weiterentwicklung des SGA-MS getroffen.

Ort, Datum, Unterschrift

Abb. 5.1 Beispiel Verpflichtungserklärung der Obersten Leitung zum SGA-MS

Im Rahmen von internen und externen Audits ist anhand konkreter Beispiele und Maßnahmen wie:

- Mitwirkung der obersten Leitung an SGA-Teamsitzungen
- Statements in Geschäftsberichten zum SGA-MS
- bereitgestellte finanzielle und personelle Ressourcen im SGA-MS.

das tatsächliche Engagement zu überprüfen.

5.2 SGA-Politik

Anforderungen der Norm

Die oberste Leitung muss eine dem Zweck, der Größe, dem Kontext und den spezifischen Risiken und Chancen einer Organisation angemessene SGA-Politik formulieren und umsetzen, die folgende Verpflichtungen enthält:

- Bereitstellung sicherer und gesundheitsgerechter Arbeitsbedingungen zur Prävention von arbeitsbedingten Verletzungen und Erkrankungen
- Erfüllung rechtlicher Verpflichtungen und anderer Anforderungen

- Beseitigung von Gefahren und Minimierung von SGA-Risiken
- Fortlaufende Verbesserung des SGA-MS
- Konsultation und Beteiligung von Beschäftigten und, sofern vorhanden, von deren Vertretern.

Die SGA-Politik muss als dokumentierte Information verfügbar sein, auch – sofern angemessen – für interessierte Parteien. Darüber hinaus muss sie intern bekannt gemacht werden.

Was soll damit erreicht werden?
Die SGA-Politik fungiert als Leitbild der Organisation und grenzt sich in den Zielstellungen von der intern relevanten Verpflichtungserklärung der Obersten Leitung aus Abb. 5.1 deutlich ab. Sie ist eine Selbstverpflichtung gegenüber internen und externen interessierten Parteien.

Hilfestellungen für die Umsetzung in der Praxis
Aus der SGA-Politik soll für die interessierten Parteien deutlich werden, warum und wie sich die Organisation im SGA-MS engagiert. Es hat sich bewährt, den Aufbau der SGA-Politik zu untergliedern in eine:

- Präambel, in der die Organisation beschreibt, warum, das heißt in welchem Selbstverständnis und aus welchen Beweggründen SGA betrieben wird und
- in Leitlinien, die zeigen, wie und durch welche Handlungsgrundsätze und -praktiken SGA umgesetzt wird.

Sowohl die Präambel als auch die Leitlinien sollten so konkret wie möglich und nicht nur als allgemeine Statements oder Interessensbekundungen formuliert werden. Die Spezifik der Organisation hinsichtlich ihres Kontextes, der Prozesse und Produkte muss erkennbar sein (vgl. Abb. 5.2). Die genaue Benennung von Zielen und Maßnahmen ist nicht notwendig und zweckmäßig, da die SGA-Politik einen langfristigen Charakter hat. Allerdings gibt sie den Rahmen für die SGA-Ziele vor, die im Einklang mit der SGA-Politik zu formulieren sind.

Die interne Bekanntmachung sollte nicht nur über Rundmail oder Aushang erfolgen, sondern über eine Informations- oder Schulungsveranstaltung, in der die oberste Leitung ihr Bekenntnis zum SGA-MS glaubwürdig der Belegschaft vermittelt und die Schwerpunktsetzungen in den Leitlinien erläutert. Erst danach sollte ein Aushang der Politik erfolgen.

> **Die Gesundheit unserer Mitarbeiter ist uns ein wertvolles Gut mit höchster Priorität, auch zum Wohle unserer Kunden.** Arbeits- und Gesundheitsschutz ist daher selbstverständlicher Bestandteil unserer Unternehmensphilosophie und wird getragen durch folgende Grundsätze:
>
> - Arbeits- und Gesundheitsschutz ist Aufgabe der Geschäftsführung, Vorgesetzten und Mitarbeiter. Alle arbeiten gleichermaßen verantwortungsbewusst bei der täglichen Umsetzung von Arbeits- und Gesundheitsschutz
> - Die Einhaltung der arbeitsrechtlichen und anderen Anforderungen ist für uns verpflichtend
> - Wir ermitteln systematisch bestehende Gefährdungen und Risiken, aber auch Chancen und leiten auf dieser Basis Arbeits- und Gesundheitsschutzziele ab und legen Schutzmaßnahmen fest. Dadurch verbessern wir kontinuierlich unsere Arbeits- und Gesundheitsschutzleistung und beseitigen Gefahren und Risiken.
> - Bei der Umsetzung von Arbeits- und Gesundheitsschutzmaßnahmen orientieren wir uns an den neuesten Erkenntnissen und dem Stand der Technik zur Gestaltung möglichst sicherer, gesundheitsfördernder und risikoarmer Arbeitsbedingungen. Der Schwerpunkt unseres Engagements liegt auf Prävention von arbeitsbedingten Verletzungen und Erkrankungen
> - Wir kommunizieren unsere Aktivitäten im Arbeits- und Gesundheitsschutz offensiv unseren Mitarbeitern und anderen interessierten Anspruchsgruppen. Wir haben Prozesse installiert, durch die unsere Mitarbeiter an Analysen und Entscheidungen zum Arbeits- und Gesundheitsschutz regelmäßig konsultiert und beteiligt werden
> - Im Rahmen von Schulungen werden unsere Mitarbeiter für die Thematik des Arbeits- und Gesundheitsschutzes regelmäßig sensibilisiert und weitergebildet
> - Mit Behörden, der gesetzlichen Unfallversicherung, unseren Vertragspartnern und Kunden pflegen wir einen regelmäßigen Dialog zur gemeinsamen verantwortungsvollen Umsetzung von Arbeits- und Gesundheitsschutz auf allen Prozessstufen und in allen Bereichen unseres Unternehmens.

Abb. 5.2   Beispiel SGA-Politik

Die externe Bekanntmachung kann ebenfalls offensiv gehandhabt werden, z. B. durch eine Veröffentlichung auf der Internetseite, durch die alle relevanten Stakeholder informiert werden.

Es ist wichtig, in regelmäßigen Abständen zu prüfen, ob die SGA-Politik aktuell ist oder ob durch strategische Weiterentwicklungen der Organisation, erfolgte Prozess-, Produktmodifikationen, Änderungen des Kontextes der Organisation oder des Anwendungsbereiches Änderungsnotwendigkeiten bestehen.

5.3   Rollen, Verantwortlichkeiten und Befugnisse

Anforderungen der Norm

Die oberste Leitung muss Verantwortlichkeiten und Befugnisse für relevante Rollen im SGA-MS zuweisen, um die Erfüllung der Anforderungen der ISO 45001 und die Berichterstattung SGA-Leistung an die oberste Leitung sicherzustellen. Dokumentierte Informationen sind darüber zu führen und die relevanten Rollen auf allen Ebenen innerhalb der Organisation bekannt zu machen. Weiterhin müssen alle Beschäftigten der Organisation für ihren Tätigkeitsbereich Verantwortung innerhalb des SGA-MS übernehmen. Die Rechenschaftspflicht für das SGA-MS verbleibt unabhängig davon bei der obersten Leitung.

Was soll damit erreicht werden?
In Abhängigkeit der organisatorischen und prozessualen Struktur einer Organisation, aber auch der arbeitsschutzrechtlichen Anforderungen, muss die oberste Leitung festlegen, welche Rollen für das SGA-MS in der Organisation erforderlich sind. Dahinter steht die Idee, die Verantwortung für das SGA-MS nicht nur auf eine Person, den SGA-Beauftragen, zu delegieren, sondern Verantwortlichkeiten und Befugnisse auf die unterschiedlichen Hierarchieebenen und Abteilungen zu verteilen. Dies erfordert, dass die verantwortlichen Personen durch Schulungen und interne Kommunikation ein klares Verständnis über ihre Rolle, Verantwortlichkeiten und Befugnisse erlangen. Dies betrifft auch jeden einzelnen Beschäftigten, der in seinem Aufgabenbereich verantwortlich für die Erfüllung des SGA-MS ist und dafür sensibilisiert und befähigt sein muss.

Auch wenn die oberste Leitung Verantwortlichkeiten und Befugnisse delegieren darf, so verbleibt bei ihr die juristische Gesamtverantwortung für alle Entscheidungen und Tätigkeiten im SGA-MS und den damit verbundenen Rechenschaftspflichten gegenüber den interessierten internen (Leitungsorganen) und externen (Behörden, Justiz) Parteien.

Hilfestellungen für die Umsetzung in der Praxis
Die Anforderungen der ISO 45001 korrespondieren hier schon zum großen Teil mit dem deutschen Arbeitsschutzrecht. § 7 und § 15 ArbSchG definieren, dass der Arbeitgeber Aufgaben im Arbeitsschutz auf befähigte bzw. zuverlässige und fachkundige Personen übertragen kann (z. B. Abteilungsleiter) bzw. muss. Denn kraft Gesetz sind folgende Verantwortlichkeiten zu bestellen:

- Betriebsarzt (§ 2 ASiG)
- Fachkraft für Arbeitsschutz (SiFa) (§ 5 ASiG)
- Arbeitsschutzausschuss (ASA) (§ 11 ASiG)
- Sicherheitsbeauftragter (SiB) (§ 22, SGB VII)
- Ersthelfer (DGUV 1, § 26 und § 28)
- und andere mehr.

Beschäftigte haben nach § 15 und § 16 ArbSchG die Pflicht und das Recht im Arbeitsschutz mitzuwirken, einschließlich einer Meldepflicht von Gefahren für Sicherheit und Gesundheit, eines Vorschlagsrechts für Verbesserungen im Bereich Arbeitssicherheit und Gesundheit sowie eines Beschwerderechts bei der zuständigen Behörde bei Nichtreaktion des Arbeitgebers auf diese Beschwerden.

Bei Einführung eines SGA-MS muss auf diesen Strukturen aufgebaut werden. Ergänzend zu der rein gesetzlich vorgeschriebenen Arbeitsschutzorganisation ist zu überlegen, welche weiteren Rollen und Befugnisse für das SGA-MS zu definieren sind. Hier geht es auch darum, einen Bewusstseinswandel in den Organisationen weg vom Einzelkämpfer SGA-MS-Beauftragten und den gesetzlich vorgeschriebenen Beauftragten, hin zur SGA-Verantwortung jedes Einzelnen zu erreichen. Wer kann in den Unternehmensbereichen und -ebenen Verantwortung z. B. für die Einhaltung der rechtlichen und anderen Verpflichtungen, für Schulungen/Unterweisungen, die Dokumentation, die Überwachung/Messung, die interne Auditierung oder die Berichterstattung gegenüber der obersten Leitung übernehmen? Der SGA-MS-Beauftragte fungiert dann als Koordinator des Systems und der Verantwortlichkeiten, der das große Ganze im Blick hat, aber nicht mehr jede operative Tätigkeit selber durchführt. Diese Vorgehensweise hätte in vielen Organisationen auch den positiven Effekt, dass ein Managementsystem nicht als lästiges und zusätzliches Übel, sondern als Bestandteil der eigenen Tätigkeit angesehen wird.

Es ist zweckmäßig, die relevanten Rollen im SGA-MS in einem Formblatt wie in Abb. 5.3 dargestellt, zusammenzutragen und dabei gleich weitere relevante Informationen, wie z. B. die gesetzliche Grundlage für die Berufung, die Kontaktdaten und den Qualifikationsnachweis mit zu erfassen.

Um die relevanten Rollen und ihre Verantwortlichkeiten und Befugnisse als dokumentierte Informationen zu führen, ist eine formale Berufung mittels einer

Bezeichnung	Rechtsgrundlage	Aufgaben und Befugnisse	Kontakt		Nachweis
			Name	Erreichbarkeit	
Geschäftsführung	ArbSchG	Gesamtverantwortung für das SGA-MS im Detail siehe § 3-15 ArbSchG			
Abteilungsleiter	§ 7 ArbSchG	Weisungen im SGA durchsetzen SGA gewährleisten Umsetzung SGA kontrollieren Bestimmungsgerechte Verwendung Transportmittel, Maschinen, Werkzeuge, PSA sicherstellen			
Fachkraft für Arbeitssicherheit (SiFa)	ASiG, § 5 DGUV Vorschrift 2, § 2	ASiG, § 6			Ausbildungsnachweis vom … Auffrischung der Qualifikation vom …
Sicherheitsbeauftragte (SiB)	SGB VII, § 22 DGUV Vorschrift 1, § 20	Siehe Bestellungsurkunde			Ausbildungsnachweis vom … Auffrischung der Qualifikation vom …
Brandschutz-beauftragter	Vfdb Richtlinie 12-09/01	Siehe Bestellungsurkunde			Ausbildungsnachweis vom … Auffrischung der Qualifikation vom …
Betriebsarzt	ASiG, § 2, 4	ASiG, § 3			Ausbildungsnachweis vom … Auffrischung der Qualifikation vom …
Ersthelfer	DGUV 1, § 26 und § 28	Bei Vorfall/Notfall (lebens-)rettende Maßnahmen einleiten Ärztliche Versorgung vorbereiten Betreuung von Verletzten bis Fachpersonal eintrifft			Ausbildungsnachweis vom … Auffrischung der Qualifikation vom …

Abb. 5.3 Formblatt Besondere Beauftragte im SGA-MS

Berufungs- oder Bestellungsurkunde erforderlich. Hier ist darauf zu achten, dass in dieser nicht nur die Pflichten (z. B. Verantwortlicher für das Gefahrstoffmanagement), sondern insbesondere auch die Befugnisse (z. B. eigenes Budget, Durchführungsrecht von Sofortmaßnahmen) definiert werden. Die Dokumentation der Aufgaben, Verantwortlichkeiten und Befugnissen ist ebenfalls im Rahmen der Stellenbeschreibung durchzuführen.

Eine Visualisierung der in der Organisation vorhandenen Rollen im SGA-MS erfolgt über das Organigramm (vgl. Abb. 5.4). Dieses eignet sich auch sehr gut für die interne und externe Kommunikation.

5.4   Konsultation und Beteiligung der Beschäftigten

Anforderungen der Norm

Die oberste Leitung muss Beschäftigte sämtlicher zutreffender Ebenen und Funktionen (sowie sofern vorhanden deren Vertreter) bei der Entwicklung, Planung, Verwirklichung, Leistungsbewertung und bei der Umsetzung von Verbesserungsmaßnahmen des SGA-MS konsultieren und beteiligen. Dafür sind folgende Bedingungen zu schaffen:

- erforderliche Instrumente, Zeit, Schulung und Ressourcen zur Verfügung stellen
- rechtzeitigen Zugang zu eindeutigen, verständlichen und relevanten Informationen des SGA-MS bereitstellen
- Hindernisse oder Barrieren für die Beteiligung bestimmen und beseitigen oder auf ein Mindestmaß beschränken.

Beschäftigte, die nicht der Leitungsebene angehören, müssen zu bestimmten Themen konsultiert bzw. ihnen die Möglichkeit zur Beteiligung gegeben werden (vgl. Tab. 5.2).

Was soll damit erreicht werden?

Der Einbezug aller Beschäftigten im SGA-MS ist ein ganz zentraler Erfolgsfaktor. SGA lebt von dem Engagement, den Ideen, der Verantwortung und der Mitarbeit jedes Einzelnen. Deshalb sollen nicht nur Führungskräfte, sondern v. a. auch Beschäftigte die nicht der Leitungsebene angehören, zu konkreten Themen konsultiert und beteiligt werden. Wenn die Organisation glaubwürdige und kontinuierlich funktionierende Kommunikations- und Beteiligungsprozesse aufbaut, hat dies einen positiven Effekt auf das SGA-Bewusstsein und die Motivation der Beschäftigten sich tagtäglich für das SGA-MS zu engagieren.

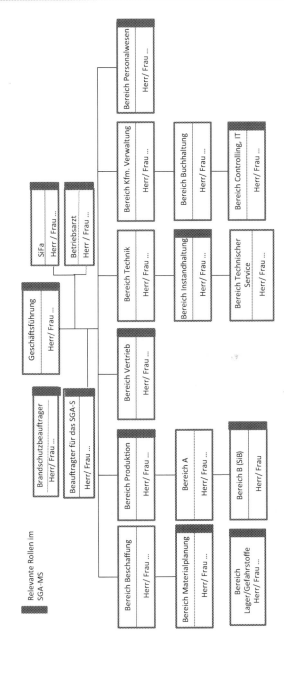

Abb. 5.4 Relevante Rollen im SGA-MS, visualisiert über das Organigramm

Tab. 5.2 Anforderungen der ISO 45001 zur Konsultation und Beteiligung von Beschäftigten

Zu konsultieren bei:	Zu beteiligen bei:
• Bestimmung der Erfordernisse und Erwartungen interessierter Parteien (Abschn. 4.2) • Festlegen der SGA-Politik (Abschn. 5.2) • Zuweisung von Rollen, Verantwortlichkeiten und Befugnissen (Abschn. 5.3) • Festlegung von Maßnahmen zur Erfüllung der rechtlichen und anderen Anforderungen (Abschn. 6.1.3) • Festlegung der SGA-Ziele und – Maßnahmen (Abschn. 6.2) • Bestimmung von Steuerungsmaßnahmen bei ausgegliederten Prozessen, der Beschaffung und der Auftragnehmer (Abschn. 8.1.4) • Bestimmung von Schwerpunkten der Überwachung, Messung und Bewertung (Abschn. 9.1) • Auditprogramm (Abschn. 9.2.2) • Fortlaufenden Verbesserung (Abschn. 10.3 der ISO 45001)	• Bestimmung von Instrumenten zur Konsultation und Beteiligung • Ermittlung von Gefährdungen, Bewertung von Risiken und Chancen (Abschn. 6.1.1, 6.1.2) • Bestimmung von Maßnahmen zur Beseitigung von Gefährdungen und Verringern von SGA-Risiken (Abschn. 6.1.4) • Bestimmen von Kompetenzanforderungen, Schulungsbedarf, Schulungen und deren Bewertung (Abschn. 7.2) • Bestimmung der Kommunikationsinhalte und -instrumente (Abschn. 7.2) • Bestimmung von Steuerungsmaßnahmen und deren Durchführung und Anwendung (Abschn. 8.1, 8.1.3, 8.2) • Untersuchung von Vorfällen, Nichtkonformitäten, Bestimmung von Korrekturmaßnahmen (Abschn. 10.2 der ISO 45001)

Hilfestellungen für die Umsetzung in der Praxis

Bei der Konsultation liegt der Schwerpunkt auf einer beiderseitigen Kommunikation, also auf Dialog und Austausch, um vor einer Entscheidungsfindung die Ansichten der Beschäftigten einzuholen. Beteiligung zielt auf den Einbezug der Beschäftigten in wichtige Entscheidungsprozesse zum SGA-MS. In der Praxis kann beides sicher nicht immer deutlich voneinander getrennt werden und sollte es auch nicht.

Die Etablierung von Kommunikations- und Beteiligungsprozessen erfordert die Bereitstellung von personellen, zeitlichen und finanziellen Ressourcen und eine kooperative Zusammenarbeit zwischen den Führungskräften und den Beschäftigten. Wichtig ist, dass die Beschäftigten dabei keinerlei Repressalien oder Disziplinarmaßnahmen aufgrund ihrer Meinungsäußerungen zu befürchten haben sowie ein offensiver Zugang zu SGA-Informationen gelebt wird.

Die Themen, bei denen die Beschäftigten zu konsultieren sind (vgl. Tab. 5.2) lassen sich auf Normanforderungen zurückführen, die sowieso sinnvollerweise gemeinsam mit den Prozesseignern oder -beteiligten zu bearbeiten sind (z. B. die prozessbezogene Festlegung der SGA-Ziele und -Maßnahmen).

Viele Erfordernisse zur Beteiligung (vgl. Tab. 5.2) ergeben sich aus dem Arbeitsschutzrecht (z. B. die Ermittlung von Gefährdungen, die Bestimmung von Maßnahmen zur Beseitigung von Gefährdungen, oder die Untersuchung von Vorfällen). Organisationen sollten schon gelebte Kommunikations- und Beteiligungsprozesse nutzen, um Strukturen gemäß den Anforderungen der ISO 45001 aufzubauen und keine Doppelstrukturen errichten. Ansatzpunkte sind z. B.:

- regelmäßige Dienstberatungen
- ASA-Sitzungen
- Safety Walks (SGA-bezogene Betriebsrundgänge)
- Schulungen
- betriebliches Vorschlagswesen
- SGA-Wettbewerbe
- SGA-Informationsecke mit schwarzem Brett.

Gelebte Konsultation und Beteiligung erfordert eine durch die oberste Leitung etablierte und von den Führungskräften/Beschäftigten gelebte SGA-Kultur (vgl. Abschn. 5.1).

Die Planung durchführen

6

Planungsaktivitäten für das SGA-MS werden in Kap. 6 zusammengefasst, dazu gehören die Risiko- und Chancenbetrachtung, die Gefährdungsbeurteilung und die Ableitung von SGA-Zielen und -Maßnahmen.

6.1 Maßnahmen zum Umgang mit Risiken und Chancen

6.1.1 Allgemeines

In diesem *essential* versuchen wir den risiko- und chancenbasierten Ansatz normübergreifend und in Unterscheidung von strategischen und operativen Risiken und Chancen zu erläutern. Aus diesem Grund werden die allgemeinen Anforderungen zum Umgang mit Risiken und Chancen aus dem Abschn. 6.1.1 im Zusammenhang mit Abschn. 6.1.2 betrachtet.

6.1.2 Ermittlung von Gefährdungen und Bewertung von Risiken und Chancen

Anforderungen der Norm
Es sollen Risiken und Chancen identifiziert und bewertet werden, die sich u. a. aus der Kontextanalyse, den arbeitsplatzbezogenen Gefährdungen und den rechtlichen Verpflichtungen ergeben. Dazu gehören also (vgl. Abb. 6.1):

© Springer Fachmedien Wiesbaden GmbH, ein Teil von Springer Nature 2019
J. Brauweiler et al., *Arbeitsschutzmanagementsysteme nach ISO 45001:2018,*
essentials, https://doi.org/10.1007/978-3-658-24409-5_6

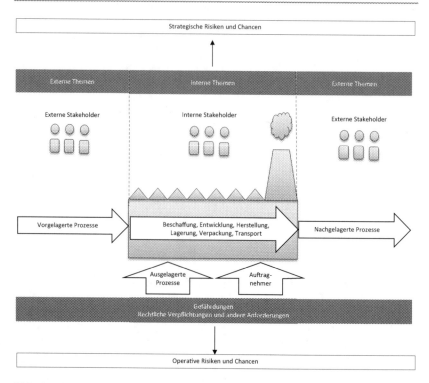

Abb. 6.1 Strategisches und operatives Risiko- und Chancenverständnis der ISO 45001

- Gemäß Abschn. 6.1.1: strategische Risiken, die aus den internen und externen Themen, Abschn. 4.1, der Analyse der interessierten Parteien, Abschn. 4.2 und des Anwendungsbereiches, Abschn. 4.3 sowie den rechtlichen Verpflichtungen und anderen Anforderungen, Abschn. 6.1.3, resultieren. Dies sind z. B. Risiken infolge wirtschaftlichen Wandels oder technologischen Fortschritts.
- Gemäß Abschn. 6.1.2: operative Risiken: die sich aus den arbeitsplatz- bezogenen Gefährdungen ergeben, z. B. gefährliche Tätigkeiten oder Umgang mit Gefahrstoffen (auf die damit verbundenen Anforderungen der ISO 45001 zur Ermittlung der Gefährdungen, also der Gefährdungsbeurteilung sowie der Bewertung der SGA-Risiken und SGA-Chancen gehen wir unter dem Abschnitt „Hilfestellungen für die Umsetzung in der Praxis" ein.)

Die ermittelten Risiken und Chancen müssen bewertet und bei der Planung des SGA-MS berücksichtigt werden. Wenn durch die Bewertung der SGA-Risiken und der anderen Risiken Handlungsbedarf festgestellt wird, so muss sich dies in den weiteren Planungsaktivitäten widerspiegeln und dargestellt werden, wie diese im Betrieb umgesetzt werden. Sowohl zu den Risiken und Chancen, als auch zu den Prozessen ihrer Ermittlung und Behandlung müssen dokumentierte Informationen geführt werden.

Was soll damit erreicht werden?
Der risiko- und chancenbasierte Ansatz soll einen Beitrag dazu leisten, vorausschauend und vorbeugend im SGA-MS zu handeln. Für den Bereich der arbeitsplatzbezogenen Risiken ist er in Form der Gefährdungsbeurteilung gesetzliche Pflicht. Die Beschäftigung mit Risiken und Chancen ermöglicht eine gedankliche Vorbereitung von Reaktionen. Sie schärft das Verständnis für interne Prozesse und Strukturen und die äußeren Einflüsse der Organisation. Die Organisation muss Chancen und Risiken identifizieren und entsprechende Förder- bzw. Gegenmaßnahmen einleiten. Dadurch sollen Risiken beherrschbar und Chancen ausgebaut werden. Auch wenn nicht alle Risiken durch konkrete Maßnahmen beeinflusst, sollte mindestens ein Bewusstsein im Sinne einer Sicherheitskultur entwickelt werden.

Eine Systematik, wie bei der Identifikation, Bewertung und Beeinflussung vorgegangen werden könnte, ist in der Norm (und auch den anderen Normen) nicht enthalten. Fest steht lediglich, dass kein eigenes Risikomanagement etwa nach ISO 31000 oder ONR 49000 aufgebaut werden muss.

Hilfestellungen für die Umsetzung in der Praxis
Der Begriff des Risikos und spezifischer des SGA-Risikos wird in der ISO 45001 folgendermaßen definiert:

▶ **Definition** Ein Risiko ist eine Auswirkung von Ungewissheit. Risiken stehen in Verbindung mit einem Ereignis und dessen Folgen bzw. Auswirkungen. Die Folgen und Auswirkungen können positiv oder negativ sein, dann wird von Chancen oder Risiken[1] gesprochen. Die Ungewissheit bezieht sich auf das Fehlen von belastbaren Informationen im Hinblick auf das Verständnis und das Wissen über

---

[1]Um einen definitorischen Zirkelschluss zu vermeiden, sollte hier von Schäden oder nachteiligen Auswirkungen gesprochen werden. In der Alltagssprache ist der Begriff des Risikos häufig bereits negativ konnotiert.

ein Ereignis selbst, die Eintrittswahrscheinlichkeit des Ereignisses und die Folgen bzw. Auswirkungen des Ereignisses.

Häufig werden Risiken charakterisiert als Kombination aus Eintrittswahrscheinlichkeit und Schadensaumaß. Dementsprechend werden SGA-Risiken in der Norm auch verstanden:

▶ **Definition** Ein Risiko für Sicherheit und Gesundheit bei der Arbeit (SGA-Risiko) ergibt sich aus der a) Eintrittswahrscheinlichkeit Gefahr bringender Ereignisse und Bedingungen, b) der Exposition von Beschäftigten und c) der Schwere der Verletzung oder Erkrankung, die durch die gefahrbringenden Ereignisse oder die Exposition hervorgerufen werden kann.[2]

In der Norm wird auch die Betrachtung von SGA-Chancen gefordert, welche verstanden werden als:

▶ **Definition** Eine Chance für Sicherheit und Gesundheit bei der Arbeit (SGA-Chancen) ist ein Umstand oder eine Reihe von Umständen, die zur Verbesserung der SGA-Leistung führen.[3]

Davon abzugrenzen sind die Begriffe Gefahren und Gefährdungen, die in den einschlägigen Normen nicht streng voneinander getrennt sind:

▶ **Definition** Eine Gefahr („hazard") ist eine potenzielle Quelle des Risikos, d. h. eine oder mehrere Ursachen, die zu einem plötzlich eintretenden Schadensereignis führen kann.[4] Gefahrenquellen umfassen verletzungs- oder krankheitsbewirkende Faktoren.

Ein SGA-Risiko entsteht aus dem Zusammenwirken von Gefahrenquellen bzw. Gefährdungen, dem Beschäftigten und der Exposition in einer Gefahr bringenden Bedingung (vgl. Abb. 6.2).

Die Norm enthält keine Vorgaben, mit welchem methodischen Vorgehen die Risiko- und Chancenanalyse durchzuführen ist. Das Methodenspektrum ist vielfältig, von einem tabellarischen Risikokataster bis hin zu einem systematischen

---

[2]ISO 45001, 3.21.
[3]ISO 45001, 3.21.
[4]Vgl. ONR 49000.

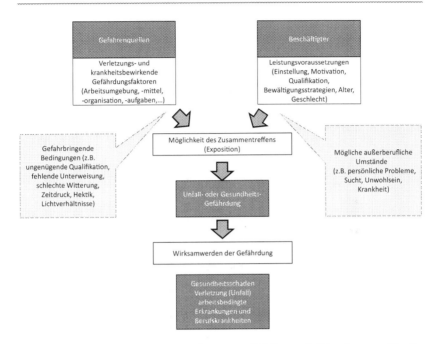

Abb. 6.2 Erklärungsmodell zur Entstehung von Unfällen und Erkrankungen. (Quelle: BAuA/DGUV (Hrsg.) o. J., S. 11)

Risikomanagement nach ISO 31000 oder ÖNR 49001 ff. Die Organisation muss für sich selbst definieren, wie weitreichend der Ansatz sein muss. Es ist sinnvoll zwischen den beiden Ebenen, den strategischen und den operativen Risiken zu differenzieren. Dennoch sollten prinzipiell die folgenden Schritte durchgeführt werden:

1. Identifizierung und Analyse der Risiken und Chancen
2. Bewertung und Priorisierung der Risiken und Chancen
3. Ableitung von Maßnahmen im SGA-MS.

Zu 1. Identifizierung der Risiken
Die strategischen Risiken und Chancen ergeben sich aus möglichen zukünftigen Entwicklungen im Unternehmensumfeld und können sich aus der Analyse der internen und externen Themen und der interessierten Parteien ergeben. Zur methodischen Unterstützung bei der Risiko- und Chancenidentifizierung können Workshops oder Brainstorming in Management-Reviews durchgeführt und systematische Trendanalysen herangezogen werden.

Tab. 6.1 Risiko- und Chancenquellen im SGA-MS

Risikobedingungen	• Standortbedingungen (z. B. Altlastenstandorte, Nähe zu Natur- und Landschaftsschutzgebieten, durchlässige Böden und Grundwasserleiter, die im Havariefall aufwendigere Rettungstechnik erfordern, Tallage mit Inversionswetterbedingungen und zeitweise mangelndem Luftaustausch, lärm- oder erschütterungssensible Nachbarschaft) • Technische Ausstattung (z. B. mögliche Konstruktionsfehler bei Maschinen, Alter und Zustand von Lager-, Abfüll- und Umschlaganlagen) • Einsatz von Gefahrstoffen • Organisationsversagen (z. B. unzureichende oder nicht durchgeführte Wartungsarbeiten, Probleme in der Aufbau- und Ablauforganisation durch unklare Zuständigkeiten, mangelnde Qualifikation, inadäquate Fertigungs- oder Entsorgungsprozesse, nicht vorhandene oder unzureichende Sicherheitseinrichtungen)
Bedingungen für Chancen	• Erschließung neuer Märkte und Zielgruppen • Einsatz neuer Produktionstechnologien oder Stoffen • Produktvariationen • Eingehen neuer Kooperationen entlang der Wertschöpfungskette • arbeitsschutzrechtliche Veränderungen • Etablierung SGA-Kultur in der Organisation

Risikoquellen für die operativen Risiken sind verbunden mit Gefahrenfaktoren am Arbeitsplatz selbst. Diese werden durch arbeitsplatzbezogene Gefährdungsbeurteilungen auf Basis von Gefährdungskatalogen erhoben. Für weitere Risiko- und Chancenquelle vgl. Tab. 6.1.

Zu 2. Analyse, Bewertung und Priorisierung der Risiken
Die identifizierten strategischen und operativen Risiken sind nun zu analysieren und zu bewerten. Bei der quantitativen Risikobewertung sollen die Eintrittswahrscheinlichkeit und das Schadensausmaß bestimmt werden. Häufig ist aber die Unsicherheit insbesondere bei strategischen Risiken sehr hoch und eine Grundlage aus historischen Daten, die plausibel extrapoliert werden können, liegt nicht vor. Eine pragmatische Vorgehensweise, die an dieser Stelle für strategische Risiken empfohlen werden kann, ist qualitativ angelegt. Sie beruht auf einer Einschätzung der Relevanz für die Organisation und des Grades, inwieweit die Organisation auf das Eintreten des Risikos vorbereitet ist. Letzteres wird behandelt als Unfähigkeitslevel (vgl. Abb. 6.3).

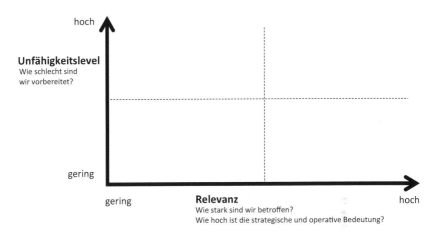

Abb. 6.3 Unfähigkeits-Relevanz-Diagramm (U-R-Diagramm)

Wird ein Thema als relevant für die Organisation betrachtet, z. B. weil es eine hohe strategische und operative Bedeutung hat, so wird es in die rechten Quadranten der Abbildung eingeordnet. Es kann z. B. erwartet werden, dass es auch künftig zu Verschärfung des EU-Chemikalienrechtes mit Stoffbeschränkungen und -verboten kommen kann. Wird in der Organisation mit Gefahrstoffen agiert, ergibt sich eine hohe Relevanz. Das Unfähigkeitslevel kann bestimmt werden, in man sich die einfache Frage stellt: Wie gut sind wir darauf vorbereitet (z. B. bzgl. Maßnahmen zur Überwachung der Stoffverwendung, Lieferantenmanagement, Berücksichtigung in der Produktplanung)? Wird der Grad der Vorbereitung als gering eingeschätzt, wird das Risiko in den oberen Quadranten eingefügt. Für alle Risiken im oberen rechten Quadranten besteht Handlungsbedarf. Die beschriebene Vorgehensweise eignet sich als pragmatischer Weg im Umgang mit eher unsicheren, nicht streng quantitativ einzuschätzenden Themen.

Für die operativen Risiken kann vorausgesetzt werden, dass mehr belastbare Informationen bzgl. Gefahrenquellen und möglichen Auswirkungen vorliegen. Denn die Gefährdungsbeurteilungen bilden die Grundlage für die Bewertung von SGA-Risiken. Gefährdungsbeurteilungen sind gesetzlich vorschrieben und müssen in jeder Organisation vorgehalten werden. Diese Anforderung ergibt sich z. B.:

- als grundsätzliche Anforderung an den Arbeitgeber (§ 5 ArbSchG)
- vor Inbetriebnahme von Arbeitsstätten (§ 3 ArbStV)
- vor Inbetriebnahme von Arbeitsmitteln (§ 3 BetrSiV)
- vor Einsatz eines Stoffes (§ 6 GefStoffV).

Es kann demnach davon ausgegangen werden, dass Gefährdungsbeurteilungen in jeder Organisation vorliegen und das methodische Vorgehen bekannt ist. Die ISO 45001 umfasst in Kap. 6.1.2.1 umfängliche Anforderungen an die bei der Gefährdungsbeurteilung zu berücksichtigenden Situationen und Prozesse, die im methodischen Ablauf einer Gefährdungsbeurteilung zu berücksichtigen sind (vgl. Abb. 6.4).

Die Entwicklung eines SGA-MS nach ISO 45001 gibt Organisationen die Chance, den bisher in der Organisation definierten und realisierten Prozess zur Gefährdungsbeurteilung kritisch daraufhin zu analysieren, ob alle Anforderungen der ISO 45001 berücksichtigt wurden (vgl. Tab. 6.2).

Die Bewertung der SGA-Risiken kann semi-quantitativ erfolgen, indem die Eintrittswahrscheinlichkeit und das Schadensausmaß abgeschätzt werden. Die Eintrittswahrscheinlichkeit bezieht sich auf die sogenannte Exposition, also dem Zusammentreffen eines Gefahrenfaktors mit einem Beschäftigten. Hierfür kann, auch auf Basis von Erfahrungen in der Organisation der letzten Jahre, eine Abschätzung vorgenommen werden, wobei folgende Aspekte zu berücksichtigen sind[5]:

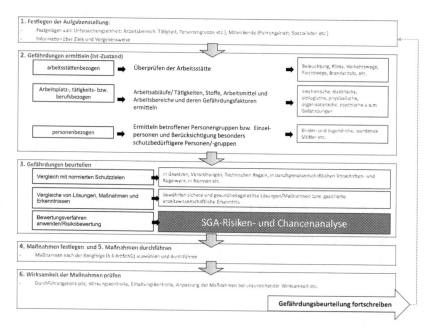

Abb. 6.4 Methodisches Vorgehen der Gefährdungsbeurteilung nach ISO 45001 3

---

[5](vgl. Barth et al. 2008).

Tab. 6.2 Checkliste zur Überprüfung der Passfähigkeit der Gefährdungsbeurteilung mit den Anforderungen der ISO 45001

Ja	Nein	Wurden folgende Situationen berücksichtigt
		Routinemäßige (alltägliche, übliche), nicht routinemäßige (gelegentliche, ungeplante) Tätigkeiten/Situationen
		Zurückliegende relevante Vorfälle (Unfälle, Erkrankungen) innerhalb oder außerhalb der Organisation, einschließlich Notfällen und ihrer Ursachen
		Potenzielle Notfallsituationen (z. B. Maschinenbrand)
		Tatsächliche oder vorgeschlagene Änderungen in der Organisation, den Betriebsabläufen, Prozessen, Tätigkeiten, dem SGA-MS
		Umgebung des Arbeitsplatzes, als Folge von arbeitsbedingten Tätigkeiten im Einflussbereich der Organisation
		Umgebung des Arbeitsplatzes, die dazu führen können, dass Personen am Arbeitsplatz Verletzungen oder Erkrankungen erleiden (z. B. Naturkatastrophen in der Umgebung)
		Änderungen von Wissen oder Informationen über Gefährdungen (neue Forschungsergebnisse)
Ja	Nein	Wurden folgende Faktoren berücksichtigt
		Arbeitsorganisation und soziale Faktoren (z. B. Arbeitsbelastung, Arbeitszeit, Belästigungen, Führung, Kultur),
		Infrastruktur, Arbeitsmittel, Arbeitsstoffe, physische Bedingungen
		Produkt- und Dienstleistungsgestaltung, Forschung, Entwicklung, Prüfung, Produktion, Montage, Konstruktion, Dienstleistungserbringung, Wartung, Entsorgung
		Menschliche Faktoren
		Art der Arbeitsausführung
		Personen mit Zugang zum Arbeitsplatz und deren Tätigkeiten, einschließlich Beschäftigten, Auftragnehmern, Besuchern
		Personen in der Umgebung des Arbeitsplatzes, die durch Tätigkeiten der Organisation betroffen sein könnten (z. B. Anwohner, Passanten, Auftragnehmer)
		Beschäftigte an einem Ort, der nicht dem direkten Einfluss der Organisation untersteht (z. B. Kundendienstpersonal, Fahrer, Heimarbeiter)
		Arbeitsbereichsgestaltung, Prozesse, Anlagen, Maschinen, Arbeitsmittel, Betriebsverfahren, Arbeitsorganisation

- Häufigkeit und Dauer, die der gefährdete Mitarbeiter der Gefährdung ausgesetzt ist
- Wahrscheinlichkeit des Wirksamwerdens der Gefahr und deren Intensität
- Möglichkeiten zur rechtzeitigen Wahrnehmung der wirksam werdenden Gefährdung und Möglichkeiten zur Bewältigung der Einwirkungen.

Das Schadensausmaß bezieht sich auf die möglichen Gesundheitsschäden, die von Bagatellfolgen bis hin zu schweren irreversiblen Gesundheitsschäden führen können. Die Eintrittswahrscheinlichkeit und das Schadensausmaß werden anhand einer einfachen Ordinalskala von 1–5 bewertet. Um zu sinnvollen Bewertungen zu gelangen, muss vorab organisationsspezifisch geklärt werden, worin der Unterschied liegt zwischen einem geringen und einem sehr hohen Schaden bzw. einer hohen bzw. geringen Eintrittswahrscheinlichkeit. Abb. 6.5 gibt ein Beispiel, die Bewertungskriterien sollten aber stets unternehmens- und risikospezifisch ausformuliert werden. Diese Form der Risikobewertung wird immer durch subjektive Interpretationen und Risikopräferenzen beeinflusst und sollte in einem Konsensverfahren unter Beteiligung möglichst vieler (heterogener) Personen erfolgen, wie es die ISO 45001 auch in Abschn. 5.4 vorsieht.

Risiko	Bewertung				Maßnahme
	EW*	SH**	Risiko-zahl	Priorität***	
Erhöhte Körperbeanspruchung beim Heben, Tragen und Absetzen von Lasten	5	3	15	A	Analyse des Arbeitssystems, Ergonomieschulung, Einsatz unterstützender Technik (Kran)
Arbeitsunfall während Bauarbeiten auf Gelände (Stolper- und Sturzunfall)	4	3	12	A	Arbeitsumfeld verhaltensgerecht gestalten, Schulung zu sicherem Gehen und richtiger Blickführung

* Eintrittswahrscheinlichkeit		Mögliche Interpretation
1	unwahrscheinlich	Risiko kann nicht ausgeschlossen werden, Eintritt kann bei Einhaltung der dem Stand der Technik entsprechenden Verhütungsmaßnahmen und den vorgeschriebenen Kontrollen als unwahrscheinlich beurteilt werden (einmal in 100 Jahren/ 1 %).
2	selten	Risiko kann nicht ausgeschlossen werden, Schäden im Branchen- oder Produktvergleich bekannt, können durch wirksame Verhütungsmaßnahmen praktisch ausgeschlossen werden (einmal in 33 Jahren /3 %).
3	gelegentlich	Risiko ist realistisch und im Branchen- oder Produktvergleich bekannt, vorliegende Verhütungsmaßnahmen werden als geeignet zur Vermeidung eingeschätzt (einmal in 10 Jahren / 10 %).
4	möglich	Risiko muss als möglich angenommen werden, aus Branchenvergleichen ist bekannt, dass sich derartige Schäden relativ häufig ergeben (einmal in 5 Jahren / 20 %)
5	häufig	Risiko kann innerhalb des Zeitraums mehrfach auftreten, gehört zum normalen Geschäftsablauf (Frequenzschaden, einmal in 2 Jahren / 50 %).

**Schadenshöhe		Mögliche Interpretation (bezogen auf verletzungs- und krankheitsbewirkende Gefahrenfaktoren)
1	Keine Folgen	Keine gesundheitlichen Folgen, keine Verletzung, keine Erkrankung
2	Bagatellfolgen	Bagatellfolgen, aber die Arbeit kann fortgesetzt werden, kleinere Unfallfolgen (kleine Schnittverletzungen, lokale Verbrennungen ersten Grades), leichte Erkrankungen (leichte Erkältung, Kopfschmerzen)
3	Mäßig schwere Folgen (ohne Dauerschäden)	Arbeitsausfall, aber keine Dauerschäden, mäßige Unfallfolgen (Platzwunde, einfache Brüche), mäßige Erkrankungen
4	Schwere Folgen (Dauerschäden mgl.)	Schwere Folgen mit (irreparablen) Dauerschäden, z.B. Verlust von Gliedmaßen oder Organschäden und posttraumatische Belastungsstörungen
5	Schwere bleibende Schäden, tödliche Folgen	Todesfälle und bleibende Gesundheitsschäden, Vergiftungen und Verletzungen von Anwohnern und Passanten, Infrastruktur- und Produktionsunterbrechungen mit Auswirkungen auch auf angrenzende Grundstücke, behördliche Maßnahmen und Strafuntersuchungen, negative Berichterstattung in den Medien (mehr als 3.000.000 € Schaden).

*** Priorität
A = 10-25
B = 4-9
C = 1-3

Abb. 6.5 Formblatt Risikoanalyse. (In Anlehnung an ONR 49002:2014, S. 26 f.; Barth et al. 2008)

Für die Ermittlung von Chancen gibt es kaum erprobte Vorgehensweisen. Häufig behilft man sich in der Praxis, indem aus einem Risiko und den entsprechenden risikomindernden Maßnahmen durch positive Formulierung eine Chance gemacht wird. Als Beispiel für ein solches Reframing: Die Tätigkeiten von Beschäftigten umfassen das Hantieren mit schweren Lasten infolgedessen es zu Überbeanspruchungen des Bewegungsapparates kommen kann. Als risikomindernde Maßnahmen werden die Prüfung auf technische Unterstützung durch einen Hebekran und die Durchführung von Ergonomieschulungen zum rückenschonenden Heben, Tragen und Absetzen von schweren Lasten veranlasst. Dadurch ergeben sich Chancen für das Unternehmen zur Verbesserung der Gesundheit der Beschäftigten.

Zu 3. Ableitung von Maßnahmen im SGA-MS
Für das Ableiten von Maßnahmen ist eine Priorisierung nötig, die den Handlungsbedarf charakterisiert. Für strategische Risiken ist er hoch, wenn ein Thema als sehr relevant und das Unfähigkeitslevel als hoch eingeschätzt wird (vgl. oberer rechter Quadrant in Abb. 6.3).

Bei den operativen Risiken werden zur Priorisierung der Risiken die vergebenen Bewertungszahlen der Schadenshöhe und Eintrittswahrscheinlichkeit multipliziert (vgl. Abb. 6.5). Anschließend müssen Schwellenwerte definiert werden, um die Risiken, z. B. in Risikoklassen A, B und C einzuordnen. Aus der Risikoklasse ergeben sich Handlungsbedarf und Dringlichkeit der Maßnahmenplanung und -durchführung:

- Risikoklasse A: Risiken nicht akzeptabel, nicht vertretbar, sofortige Risikominderungsmaßnahmen erforderlich
- Risikoklasse B: bedingt vertretbare Risiken, kurzfristige Risikominderungsmaßnahmen erforderlich
- Risikoklasse C: vertretbare Risiken, i. d. R wirksame Verhütungsmaßnahmen etabliert.

Die Bewertungsergebnisse und Risikoklassen lassen sich sehr gut über ein Risikoportfolio visualisieren (vgl. Abb. 6.6).

Für den Umgang mit Risiken aus Kategorie A und B können grundsätzlich folgende Risikobewältigungsstrategien unterschieden werden:[6]

---

[6]Vgl. ONR 49001:2014, Kap. 5.5 der ISO 45001.

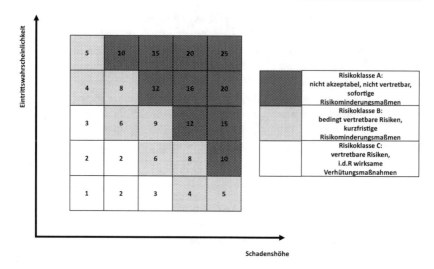

Abb. 6.6   Beispiel für ein Risikoportfolio. (Quelle In Anlehnung an ONR 49001:2014)

- Risikoakzeptanz (keine Maßnahmen, Risiko wird eingegangen)
- Risikominderung (Maßnahmen entwickeln zur Senkung des Schadensausmaßes oder der Eintrittswahrscheinlichkeit)
- Risikotransfer (Überwälzung des Risikos auf Dritte, z. B. durch vertragliche Bedingungen oder Versicherungen)
- Risiko Vermeidung (Risiko wird nicht eingegangen, z. B. Geschäftsfeld wird verlassen, Investition wird nicht getätigt).

6.1.3   Umgang mit rechtlichen Verpflichtungen und anderen Anforderungen

Anforderungen der Norm
Die Organisation muss:

- aktuelle arbeitsschutzrechtliche Verpflichtungen und andere Anforderungen in Bezug auf ihre Gefährdungen, SGA-Risiken und das -MS ermitteln und auf diese zugreifen können
- die daraus resultierenden unternehmerischen Handlungspflichten und Verantwortlichkeiten ableiten und in der Organisation im Rahmen des SGA-MS kontinuierlich umsetzen

- diese Informationen an relevante Stellen kommunizieren und regelmäßig aktualisieren
- verantwortliche Personen schulen und unterweisen
- dokumentierte Informationen über diesen Prozess führen.

Ergänzend regelt Kap. 9.1.2 der ISO 45001 im Rahmen der Überwachung, Messung, Analyse und Bewertung, dass die Konformität mit den gesetzlichen und sonstigen bindenden Verpflichtungen zu bewerten ist. Dazu muss die Organisation:

- Häufigkeit und Methoden zur Bewertung festlegen
- die Einhaltung ihrer Verpflichtungen bewerten und bei Abweichungen Maßnahmen ergreifen
- ihren Status hinsichtlich der Einhaltung der Verpflichtungen kennen und einschätzen
- Ergebnisse der Bewertung der rechtlichen Verpflichtungen und anderen Anforderungen als dokumentierte Informationen führen.

Was soll damit erreicht werden?
Arbeitsschutzrechtliche Regelungen, Vertragsbeziehungen und Vereinbarungen mit Stakeholdergruppen geben den Rahmen vor, innerhalb dessen eine Organisation ihre Tätigkeiten ausüben kann. Dieser Rahmen muss bekannt sein und die sich daraus ergebenen Anforderungen umgesetzt werden. Hier kann die Organisation auf Erkenntnisse aus der Gefährdungsbeurteilung zurückgreifen, da Gefährdungen im Zusammenhang mit den zugrunde liegenden rechtlichen Anforderungen zu ermitteln, bewerten und abzustellen sind. Die Einhaltung der rechtlichen und anderen Anforderungen muss regelmäßig überprüft werden. Ziel ist die stete Gewährleistung von Rechtskonformität der Organisationen.

Hilfestellungen für die Umsetzung in der Praxis
Auch wenn diese Normanforderung sehr kurz gehalten ist, so ist sie aufgrund der Komplexität des Arbeitsschutzrechts sehr umfassend und bezogen auf mögliche juristischer Folgen von großer Bedeutung. Verstöße gegen das Arbeitsschutzrecht können neben Auflagen und Bußgeldern auch zu Haftungs- und Schadensersatzpflichten der Obersten Leitung bzw. verantwortlichen Personen führen. So kann z. B. eine Ordnungswidrigkeit auf Grund vorsätzlichem oder fahrlässigem Handeln gegenüber den Anforderungen nach ArbSchG, mit einer Geldbuße bis zu 5000 EUR (Beschäftigte) oder sogar bis zu 25.000 EUR

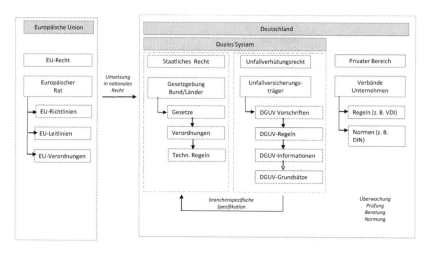

Abb. 6.7 Das duale System des deutschen Arbeitsschutzrechts

(Arbeitgeber, Führungskräfte) erhoben werden.[7] Bei beharrlicher Wiederholung oder Gefährdung von Leben und Gesundheit eines Beschäftigten kann sogar eine Freiheitsstrafe von bis zu einem Jahr verhängt werden.[8]

Das deutsche Arbeitsschutzrecht ist als duales Arbeitsschutzrecht aufgebaut, welches neben staatlichen Regelungen auch ein umfangreiches Vorschriftenwerk der gesetzlichen Unfallversicherung beinhaltet (vgl. Abb. 6.7). Des Weiteren deckt es verschiedenste Themenbereiche ab (vgl. Tab. 6.3).[9]

Rechtliche Verpflichtungen können aber noch aus weiteren Quellen, z. B. aus Genehmigungsbescheiden sowie aus den sog. anderen Anforderungen resultieren (vgl. Tab. 6.4).

Organisationen benötigen zur Umsetzung der Normanforderung der ISO 45001 ein methodisches Hilfsmittel, wodurch die rechtlichen Verpflichtungen und anderen Anforderungen erfasst, die unternehmerischen Handlungspflichten abgeleitet und ihre Umsetzung geprüft werden kann. Dazu hat es sich in der Praxis bewährt, ein sogenanntes Rechtskataster zu führen.

---

[7]Vgl. ArbSchG, § 25.

[8]Vgl. ArbSchG, § 26.

[9]Vgl. für einen Einblick in das deutsche Arbeitsschutzrecht Brauweiler et al. 2018 oder Einhaus et al. 2018.

Tab. 6.3 Regelungsbereiche des deutschen Arbeitsschutzrechts

Themenfeld	Regelungsbereich	Beispiele
Rechtliche Grundpflichten der AG+AN	Festlegung von Anforderungen an Unternehmer, Beschäftigte und Beauftragte	• ArbSchG • ASiG
Anlagen und Betriebssicherheit	Anforderungen an Beschaffenheit und Betrieb von Maschinen, Geräten, Anlagen bei deren Verwendung	• BetrSichV • TRBS
Produktsicherheit	Vorschriften zur allgemeinen Produktsicherheit, zur Marktüberwachung, Informations- und Meldepflichten für einzelne Produktsektoren durch VO konkretisiert	ProdSG ProdSV 1–11
Arbeitsstättenrecht	Anforderungen an Einrichtung, Unterhaltung und Gestaltung von Arbeitsräumen, -plätzen, Transport- und Verkehrswegen, Pausen-, Umkleide-, Wasch- und Toilettenräume	• ArbStättV • ASR
Chemikalienrecht	Anforderungen an Hersteller und Anwender zur Beherrschung von Stoffen mit gesundheitsschädigenden Eigenschaften	• ChemG • GefStoffV
Soziales Arbeitsschutzrecht	Regelungen für schutzbedürftige Personengruppen wie z. B. Jugendliche, werdende Mütter oder behinderte Menschen Arbeitszeitrecht	• JArbSchG • MuSchG • SGB IX • ArbZG

Tab. 6.4 Herkunft rechtlicher Verpflichtungen und anderer Anforderungen. (Quelle: ISO 45001, A 6.1.3, S. 69)

Rechtliche Verpflichtungen resultieren z. B. aus:	Andere Anforderungen resultieren z. B. aus:
• Geltenden Gesetzen, Verordnungen, Richtlinien • Vorschriften der gesetzlichen Unfallversicherungen • Technische Regeln • Anordnungen/Auflagen von Behörden • Genehmigungen, Lizenzen oder anderen Erlaubnissen • Gerichtsurteile oder Verwaltungserlasse • Abkommen, Konventionen, Protokolle • Tarifverträge.	• Anforderungen der Organisation • Vertragsbedingungen • Betriebs- und Dienstvereinbarungen, arbeitsvertragliche Regelungen • Vereinbarungen mit interessierten Parteien • Vereinbarungen mit Gesundheitsbehörden • Nicht behördliche Standards/Normen, vereinbarte Standards/Normen, Leitlinien • Freiwillige Grundsätze, Leitlinien, allgemeine Verfahrensregeln, technische Spezifikationen, Selbstverpflichtungen, Statuten • Öffentliche Verpflichtungen der Organisation oder ihrer Mutter-/Dachorganisation.

Das Rechtskataster ist eine tabellarische kriteriengestützte Zusammenstellung der für die Organisation geltenden rechtlichen Verpflichtungen sowie anderen Anforderungen. Kriterien sind z. B. Name, relevante Paragrafen unternehmerische Handlungspflichten, Verantwortlichkeiten, Termin, Erfüllungsstand. Gegliedert werden kann es nach Rechtsbereichen, wie z. B. Allgemeines Arbeitsschutzrecht, Arbeitsstättenrecht, Gefahrstoffrecht oder auch nach Arbeitsbereichen, in Anlehnung an die abgegrenzten Bereiche der Gefährdungsbeurteilungen. Denn schon im Rahmen der Gefährdungsbeurteilungen müssen die geltenden rechtlichen und anderen Verpflichtungen erfasst und Maßnahmen für ihre Einhaltung geplant werden. Dann kann die Organisation wie folgt vorgehen (vgl. Abb. 6.8):

- Pro Bereich werden die relevanten Gesetze, Verordnungen und Richtlinien auf EU-, Bundes-, Länder- und ggf. kommunaler Ebene, die technischen Richtlinien/Regeln und die Vorschriften des Unfallversicherungsträgers erfasst und aus diesen die für die Organisation relevanten Anforderungen (Paragrafen) extrahiert.
- In einem weiteren Schritt sind daraus die für die Organisation relevanten Handlungspflichten, Verantwortlichkeiten und Termine festzulegen.
- Die Benennung von Verantwortlichkeiten für die Umsetzung der ermittelten Handlungspflichten erfordert, dass diese über ihren Verantwortlichkeitsbereich informiert und vor allem geschult werden.
- Wichtige Erkenntnisse, Handlungspflichten und Maßnahmen müssen außerdem kommuniziert werden.
- Nicht vergessen werden darf, die Nebenbestimmungen aus Genehmigungsbescheiden entweder bei den jeweiligen Rechtsgebieten oder in einem separaten Blatt nach den o. g. Kriterien zu integrieren.
- Gleichermaßen werden die für die Organisation relevanten sonstigen Anforderungen in dem Kataster erfasst, diese können z. B. aus der Analyse der Anforderungen der interessierten Parteien abgeleitet werden.

Aufgrund der Komplexität sowie der regelmäßigen Überarbeitung und Erweiterung des dualen Arbeitsschutzrechts ist die systematische und vor allem vollständige Erfassung der rechtlichen Verpflichtungen und sonstigen Anforderungen für die Organisationen eine schwierige Aufgabe: in kleinen Organisationen aufgrund ihrer beschränkten fachlichen, personellen und finanziellen Ressourcen, in großen Organisationen infolge ihrer differenzierten Produktionsprozesse und gegebenenfalls ihrer Produktpalette. Oftmals werden externe auf dieses Fachgebiet spezialisierte Berater hinzugezogen oder eigene Rechtsabteilungen beauftragt.

Regelwerk		Relevanz			Anforderungen	Handlungspflichten				Bewertung der Einhaltung		
Name Abk.	Datum Letzte Änderung	ja	nein	§		Maßnahmen	Nachweise	Verant-wortlich	Termin	Datum	Fest-stellung (e/ne)*	Fest-legung
Altöl-verord-nung AltölV	16.04.2020			2	Vorrang der Aufbereitung von Altölen	Bereitstellung ge-sonderter Altölbe-hälter mit Beschil-derung bez. Misch-verbot, regelmäßige Überprüfung auf Umsetzung	Protokoll vierteljährl. Begehung	Abfall-beauftragter	lfd.			
	24.02.2012	x		4	Verbot Altöl mit anderen Abfällen und untereinander zu vermischen							

* e   erfüllt
ne nicht erfüllt

Abb. 6.8 Formblatt Rechtskatasters

Weiterhin können online-Dienste wie z. B. das kostenpflichtige Portal „www.
umwelt-online.de" genutzt werden. Diese bieten nicht nur eine Sammlung der
aktuell geltenden Versionen der arbeitsschutzrechtlichen Vorschriften bis auf
Landesebene, sondern auch die Möglichkeit der Führung eines Rechtskatasters
und der Einstellung eines Aktualisierungsdienstes. Weitere Informationsquellen
über rechtliche Anforderungen sind staatliche und behördliche Institutionen, die
Berufsgenossenschaften oder die Fachkraft für Arbeitssicherheit.

Es ist besonders wichtig, den Bereich der rechtlichen Verpflichtungen und
anderen Anforderungen regelmäßig zu betrachten. So empfiehlt sich eine viertel-
oder halbjährliche Überprüfung der Aktualität des Rechtskatasters. Weiterhin
muss gemäß Kap. 9.1.2 der ISO 45001 die Einhaltung der rechtlichen und anderen Anforderungen durch die Organisation geprüft werden. Dazu kann sie selber
festlegen, wie häufig und in welcher Form sie das tut. Die Überprüfung der Einhaltung der SGA-Vorschriften kann z. B. im Rahmen regelmäßiger Begehungen,
durch Gespräche mit verantwortlichen Personen, Stichproben oder Complian-
ce-Audits erfolgen. Wichtig ist, die Ergebnisse dieser Überprüfung zu dokumentieren, aus Gründen der Dokumentenreduzierung kann dies mithilfe des
Formblattes 6–8 erledigt werden (siehe rechte Spalten in dem Formblatt).

6.1.4 Planung von Maßnahmen

Die Anforderungen dieses Normkapitels werden im Rahmen des Abschn. 6.2
mitbetrachtet.

6.2 Entwicklung von SGA-Zielen und -Maßnahmen

Anforderungen der Norm
Für relevante Funktionen und Ebenen muss die Organisation SGA-Ziele festlegen, durch die das SGA-MS und die SGA-Leistung erhalten und kontinuierlich
verbessert werden. Dazu müssen die Ziele die Ergebnisse aus der Bewertung der
Risiken und Chancen, der Konsultation der Beschäftigten und der Analyse der
anwendbaren rechtlichen und anderen Anforderungen berücksichtigen. Die Ziele
müssen weiterhin:

- im Einklang mit der SGA-Politik stehen
- sofern machbar, messbar oder zur Leistungsbewertung tauglich sein.

Die SGA-Ziele müssen unterlegt werden mit:

- Maßnahmen (was wird getan?)
- erforderlichen Ressourcen (welche Ressourcen werden benötigt?)
- verantwortliche Person (wer ist verantwortlich?)
- Termin (wann ist es abgeschlossen?) und
- einer Erfolgskontrolle anhand von Bewertungskriterien/Kennzahlen (wie werden die Ergebnisse bewertet?)
- relevanten Prozessen (wie werden die Maßnahmen in die Geschäftsprozesse integriert?).

Die Ziele sind intern zu kommunizieren, in regelmäßigen Abständen zu überwachen und bei Bedarf zu aktualisieren. Diese Anforderungen sind durch dokumentierte Informationen nachzuweisen.

Abschn. 6.1.4 spezifiziert ergänzend, dass Maßnahmen für die Vorbereitung und Reaktion auf Notfallsituationen zu planen sind (vgl. Abschn. 8.2). Weiterhin sollen bei der Maßnahmenplanung berücksichtigt werden, die:

- Maßnahmenhierarchie sowie
- technologischen Möglichkeiten, finanzielle, betriebliche und geschäftliche Anforderungen der Organisation.

Was soll damit erreicht werden?
SGA-Ziele und -Maßnahmen sollen genau dort ansetzen, wo durch die Risiko- und Chancenanalyse, die Gefährdungsbeurteilung oder die rechtlichen/nichtrechtlichen Rahmenbedingungen der größte Handlungsbedarf erkannt wurde. Da die vorangegangenen Analysen i. d. R. prozessbezogen durchgeführt wurden, sollen auch die SGA-Ziele und -Maßnahmen möglichst bereichs- oder prozessbezogen definiert werden. Dies entspricht auch einer Anforderung aus dem Arbeitsschutzrecht, da laut § 3 ArbSchG der Arbeitgeber verpflichtet ist, Maßnahmen des Arbeitsschutzes umzusetzen, mit denen die Sicherheit und Gesundheit der Beschäftigten verbessert wird.

Mit der HLS erfolgte eine stärkere Fokussierung auf den kennzahlenorientierten Nachweis der Entwicklung und Verbesserung der SGA-Leistung, um die kontinuierliche Verbesserung messbar zu machen und eine höhere Transparenz über diese Entwicklung für interne und externe Stakeholder zu erreichen. Die Überwachung der Umsetzung der SGA-Ziele mittels Kennzahlen ermöglicht einen objektiven Nachweis über die erzielte SGA-Leistung. Weiterhin zwingt sie

die Organisationen dazu, Ziele und Maßnahmen zu konkretisieren und sich darüber Gedanken zu machen, mittels welcher Kennzahlen sie ihre kontinuierliche
Verbesserung nachweisen wollen.

Hilfestellungen für die Umsetzung in der Praxis
SGA-Ziele und -Maßnahmen können sehr übersichtlich in einem SGA-Ziel-
und -Maßnahmenkatalog systematisiert werden (vgl. Abb. 6.9). Zweckmäßiger-
weise umfasst er auch die nach der ISO 45001 festzulegenden Anforderungen
an die Ziele, wie Verantwortlichkeiten, Termine, erforderliche Ressourcen und
Bewertungskennzahlen.

Die Maßnahmen sollen der sog. Maßnahmenhierarchie gerecht werden, die oftmals auch mit dem STOP-Prinzip beschrieben wird und in § 4 ArbSchG festgelegt
ist. Dabei geht es darum, Gefährdungen möglichst an der Quelle zu beseitigen
und Substitutionsmaßnahmen vor technischen, organisatorischen und personen-
bezogenen Maßnahmen zu ergreifen (vgl. Abschn. 8.1.1). Bei der Festlegung
von Zielen müssen die Beschäftigten beteiligt werden (vgl. Abschn. 5.4). Dies
ermöglicht eine bereichs- oder prozessbezogene Ziel- und Maßnahmendefinition.
Gleichermaßen müssen festgelegte SGA-Ziele und -Maßnahmen in den Bereichen
oder bei den Prozessverantwortlichen vermittelt werden, damit sie bekannt sind
und jeder seinen eigenen Beitrag zur Zielerfüllung leisten kann.

SGA-Ziel	SGA-Maßnahme	Ressourcen	Verantwortlich	Termin	Kennzahl
Bereich Gefährdungsvermeidung					
Reduzierung der Arbeitsunfälle um 3 %	- Durchführung eines Ideenwettbewerbs „Unfallfreie Abteilung"	Werbungskosten in Höhe von ...€	SGA-MS-Beauftragter		Arbeitsunfälle intern
	- Vierteljährliche Arbeitsstättenbegehung durchführen	Zeiteinsatz ... min	Abteilungsleiter		IST/Arbeitsunfälle intern Vorjahr
Reduzierung des Krankenstandes um 1 %	- Initiierung von betrieblichen Angeboten zur Gesundheitsvorsorge (Sportkurse, Impftage)	Zuschusskosten für die Angebote in Höhe von ... €	Personalverwaltung		Krankenstand IST/Krankenstand Vorjahr
Verringerung der Staubbelastungen um 10 %	- Ertüchtigung raumlufttechnische Anlage - Arbeitsplatzabsaugung an Emissionsquelle	Planungs- und Investitionskosten in Höhe von ... €	Instandhaltung		Staubkonzentration (mg/m3)
Bereich Management					
Senkung Arbeitsunfälle Fremdfirmen um 5 %	- Vertiefte Unterweisung der Fremdfirmen	Zeiteinsatz ... min/Fremdfirma	Fremdfirmenkoordinator		Arbeitsunfälle Fremdfirmen IST/Arbeitsunfälle Fremdfirmen Vorjahr
Verbesserte Abbildung der A&G-Leistung	- Entwicklung eines A&G-Kennzahlenkatalogs	Zeiteinsatz ... Manntage	Controlling		-

Abb. 6.9 Formblatt SGA-Ziel– und -Maßnahmenkatalog

Unterstützung sicherstellen

Im Kapitel „Unterstützung" befinden sich Regelungen zu Ressourcen, Schulung, Kommunikation und Dokumentation.

7.1 Ressourcen

Anforderungen der Norm
Alle erforderlichen Ressourcen für Aufbau, Verwirklichung, Aufrechterhaltung und fortlaufende Verbesserung des SGA-MS sind zu bestimmen und bereitstellen.

Was soll damit erreicht werden?
Das Abschn. 7.1 ist im Prinzip eine Weiterführung der in Abschn. 5.1 und 5.3 definierten Normanforderungen an die oberste Leitung. Sie trägt die Verantwortung zur Schaffung der materiellen, personellen und finanziellen Voraussetzungen für die Umsetzung des SGA-MS.

Hilfestellungen für die Umsetzung in der Praxis
Die oberste Leitung muss die für das SGA-MS erforderlichen Ressourcen bestimmen und freigeben. Das Ressourcenverständnis ist umfänglich und bezieht sich auf:

- Personal (Kenntnisse und Fähigkeiten)
- Materielle Ressourcen (Inputs)
- Infrastruktur (Gebäude, Ausrüstungen)
- Technologie (Maschinen, Anlagen, EDV)
- Finanzielle Mittel (Investitionsbudgets).

© Springer Fachmedien Wiesbaden GmbH, ein Teil von Springer Nature 2019
J. Brauweiler et al., *Arbeitsschutzmanagementsysteme nach ISO 45001:2018,*
essentials, https://doi.org/10.1007/978-3-658-24409-5_7

Es wird gefordert, dass sowohl die Ressourcen für die Einführung des SGA-MS zur Verfügung gestellt werden (z. B. Freigabe erforderlicher Schulungen, Einstellung von Praktikanten oder Finanzierung von Beratungsdienstleistungen), als auch Ressourcen für Daueraufgaben im SGA-MS zu bestimmen und bereit zu stellen sind. Dazu gehören Investitionsbudgets genauso wie Stellenpläne oder Schulungsbudgets.

Ein Punkt, der in der ISO 45001 (noch) keine Rolle spielt, sind formalisierte Anforderungen zum Umgang mit der Ressource Wissen. Gerade aber mit Blick auf die Bedeutung dieser Ressourcen zur Aufrechterhaltung aller Prozesse sowie im Zuge der Integration von Managementsystemen (Qualität, Energie, IT-Sicherheit etc.) können Organisationen sich auch im Rahmen ihres SGA-MS mit diesem Thema auseinandersetzen. D. h. das erforderliche interne und externe Wissen ist zu identifizieren sowie Prozesse zur Entwicklung und Übergabe des Wissens (z. B. bei neuen Produktionsprozessen oder im Zuge von Personalwechsel) zu etablieren.

7.2   Kompetenz

Aufgrund des Zusammenhanges dieser Normanforderung mit der Anforderung 7.3 „Bewusstsein" werden beide Normanforderungen gemeinsam betrachtet.

Anforderungen der Norm
Die Organisation muss (Abschn. 7.2):

1. die erforderliche Kompetenz der Beschäftigten bestimmen, die Einfluss auf ihre SGA-Leistung haben
2. sicherstellen, dass die Beschäftigten auf Grundlage angemessener Ausbildung, Schulung oder Erfahrung kompetent sind und Gefährdungen erkennen können
3. einen Schulungsplan erstellen, der Maßnahmen zum Erwerb und zur Aufrechterhaltung der Kompetenz umfasst
4. Schulungen durchführen und die Wirksamkeit der Schulungen bewerten.

Es sind dokumentierte Informationen als Nachweis der Kompetenz zu führen.
Prinzipiell muss Bewusstsein aller Beschäftigten entwickelt werden zu (Abschn. 7.3):

- SGA-Politik und -Zielen
- Ansatzpunkten für SGA-gerechtes Verhalten in ihrem Tätigkeitsbereich (Beitrag für die Wirksamkeit des SGA-MS und der Vorteile einer verbesserten SGA-Leistung)

- Folgen und möglichen Auswirkungen einer Nichterfüllung der Anforderungen des SGA-MS
- Gefährdungen, SGA-Risiken und Maßnahmen, die dafür bestimmt wurden und für sie relevant sind
- Befugnis, sich aus einer Arbeitssituation zurückzuziehen, wenn sie eine unmittelbare und ernste Gefahr für ihr Leben oder ihre Gesundheit ist und dass dieses Handeln ohne negative Folgen bleibt.

Was soll damit erreicht werden?
Während Abschn. 7.2 die Anforderungen an die Kompetenz der Beschäftigten definiert, umfasst Abschn. 7.3 zu vermittelnde Mindestinhalte zum SGA-MS für alle Beschäftigten. Dadurch soll gewährleistet werden, dass alle Personen, die für eine Organisation tätig sind, das erforderliche Wissen und das notwendige Bewusstsein haben, um Gefährdungen in ihrem Aufgabenbereich angemessen zu bestimmen und mit SGA-Risiken umzugehen. Damit sind explizit nicht nur Personen gemeint, die operative Tätigkeiten ausüben von denen SGA-Gefährdungen oder -Risiken ausgehen, sondern auch Personen, die eine Funktion oder Rolle einnehmen, die für das SGA-MS wichtig ist (wie z. B. die oberste Leitung oder die Führungskräfte). Weiterhin betrifft die Bewusstseinsbildung auch Auftragnehmer (siehe Fremdfirmenkoordination in Abschn. 8.1) oder Besucher (siehe Regelungen zur Notfallvorsorge in Abschn. 8.2).

Hilfestellungen für die Umsetzung in der Praxis
Die Organisation muss die Beschäftigten bestimmen, die Einfluss auf ihre SGA-Leistung haben. In Abschn. 4.2 haben wir den Begriff der „Beschäftigten" definiert und festgestellt, dass dazu nicht nur die in der Organisation angestellten Beschäftigten gehören (oberste Leitung, leitendes Personal und nicht leitendes Personal), sondern auch nicht bei der Organisation angestellte Beschäftigte, soweit die Organisation Anteil am Einfluss auf ihre Arbeit oder arbeitsbezogene Tätigkeiten hat (z. B. Beschäftigte von externen Anbietern, Auftragnehmer, Leiharbeitnehmer).

Für die in der Organisation angestellten Beschäftigten sind in einem sich kontinuierlich wiederholenden Prozess folgende 3 Schritte abzuarbeiten.

1. Die erforderlichen Kompetenzen bestimmen
Die notwendigen Kompetenzen einer Stelle ergeben sich aus:

- Arbeitsaufgaben (Maschinen, Prozesse, Stoffe)
- Anforderungen neuer Prozesse, Anlagen, Stoffe
- Rechtliche Anforderungen

- Rolle (z. B. bei Ernennung zum Brandschutzbeauftragten)
- hierarchische Einordnung im Unternehmen (z. B. Vorgesetzten- oder Mitarbeiterpflichten)
- Unfällen/Vorfällen
- Eigeninitiativen des Mitarbeiters z. B. im Rahmen von Mitarbeitergesprächen
- Auditfeststellungen.

Kompetenz im Verständnis der ISO 45001 umfasst die Fähigkeit, SGA-Wissen und -Fertigkeiten im Arbeitskontext sicher anzuwenden,[1] um sowohl mit den unter normalen Arbeitsbedingungen herrschenden Gefährdungen und Risiken richtig umzugehen, als auch in Notfallsituationen angemessen zu reagieren. Aus Sicht des SGA-MS muss hier genau festgehalten werden, welches Wissen und welche Fertigkeiten der Einzelne für ein SGA-gerechtes Arbeiten haben muss.

Sehr übersichtlich werden die erforderlichen Kompetenzen in einer Kompetenzmatrix zusammengestellt (vgl. Abb. 7.1), wie sie z. T. aufgrund der Anforderungen an die Ressource Wissen der ISO 9001:2015 verstärkt im Qualitätsmanagementsystem von Organisationen zu finden sind. Hier kann aufgesetzt werden.

2. Schulungsplan erstellen

Kompetenzen sind, z. B. durch einen Soll-Ist-Abgleich von Stellenanforderung und -inhaber, zu entwickeln oder aufrechtzuerhalten. Dementsprechend kann auf Basis der Kompetenzmatrix der Schulungsbedarf für die Beschäftigten abgeleitet und die Kompetenzmatrix um den Schulungsplan erweitert werden (natürlich können Kompetenzmatrix und Schulungsplan auch als separate Dokumente geführt werden).

Für Schulungen oder Unterweisungen sind Termine und Verantwortlichkeiten sowie die Nachweisführung festzulegen (vgl. Abb. 7.1). Oftmals ist es zweckmäßig, die Erfassung der Kompetenzen und die Planung der Schulungen abteilungsspezifisch durchzuführen.

Gerade im Bereich des SGA gibt es strenge rechtliche Vorgaben für Unterweisungen und Schulungen, die auch in den Schulungsplan gehören. So die generelle Pflicht des Arbeitgebers Beschäftigte über SGA bezüglich ihres Arbeitsplatzes oder Aufgabenbereiches zu unterweisen nach § 12 ArbSchG oder die Unterweisung der Beschäftigten über Methoden und Verfahren bei der Verwendung von Gefahrstoffen nach § 14 GefStoffV. Bei der Entwicklung des Schulungsplanes ist

---

[1]Vgl. ISO 45001, Begriffe 3.23.

Kompetenzmatrix			Schulungsplan			Bewertung		
Gruppe	Beschäft-igte	Tätigkeit	Erforderliche Kompetenzen	Schulung	Termin	Dozent/ Ausrichter	Bewertung Schulungserfolg	Wiederholung sschulung durchgeführt am:
Oberste Leitung		Geschäftsführung	SGA-Recht und unternehmerische Handlungspflichten	Neuerungen aus dem SGA-Recht				
SGA-Beauftra-gter		Pflege, Koordination des SGA-MS	SGA-Management SGA-Recht Teamführung Kommunikation, Dokumentation	Anforderungen ISO 45001				
Verwaltung		Bürotätigkeiten	Verhalten am Bildschirmarb-eitsplatz Ordnung am Arbeitsplatz	Infos auf Bildschirm bei Anschalten				
Labor		Umgang mit Gefahrstoffen	Einstufung, Anwendung, Lagerung, Entsorgung von Gefahrstoffen Gefährdungen und Schutzmaßnahmen	Gemäß § 14 GefStoffV				
Lager Logisik		Lagerarbeiten Fahren mit Transportgeräten	Umgang mit Transportgeräten Ordnungsgemäßes Lagern	Demonstration sversuche Digitales Unterweisungst ool				
Alle Mitarbeiter			SGA-Politik,-Ziele, --Maßnahmen SGA-Verantwortlichkeiten Risiken, Statistiken Notfallmaßnahmen	SGA-Informationsve ranstaltung				

Abb. 7.1 Formblatt Kompetenzmatrix und Schulungsplan

auch zu beachten, dass Kompetenzen (insbesondere die von Beauftragten, wie z. B. Ersthelfern) aufrechterhalten werden und Schulungen wiederkehrend geplant werden müssen (z. B. Auffrischungsschulungen für Ersthelfer alle 2 Jahre gemäß DGUV Vorschrift 1 „Grundsätze der Prävention" § 26 (3)).

Neben den erforderlichen stellenbezogenen Schulungen sind bei der Schulungsplanung die Normanforderung aus Abschn. 7.3 zu beachten, d. h. alle Mitarbeiter müssen mindestens geschult werden über die SGA-Politik und -Ziele, Ansatzpunkte für SGA-gerechtes Verhalten in ihrem Tätigkeitsbereich, Folgen und möglichen Auswirkungen einer Nichterfüllung der Anforderungen des SGA-MS sowie für sie relevante Gefährdungen, SGA-Risiken und Maßnahmen. Einzelne Punkte wie die SGA-Politik und -Ziele können allen Mitarbeitern gleichermaßen, z. B. im Rahmen einer jährlich wiederkehrenden Informationsveranstaltung zum SGA-MS, vermittelt werden. Die Bewusstseinsbildung über die für den Tätig-keitsbereich relevanten Gefährdungen und Handlungsansätze müssen i. d. R. ziel-gruppenspezifisch (z. B. nach Produktionsbereich oder nach Maschinen/Anlagen, Stoffen) und im Zusammenhang z. B. zu Unterweisungen nach § 14 GefStoffV geplant werden. Schulungen oder Unterweisungen sind aber nicht der einzige

Ansatzpunkt für die Bewusstseinsbildung der Beschäftigten, sondern auch die in Abschn. 5.4 schon angesprochenen Formate der Mitwirkung und Beteiligung.

3. Schulungen durchführen und die Wirksamkeit bewerten
Für im Schulungsplan enthaltene Schulungen sind Nachweise zu führen, entweder über Teilnehmerlisten oder entsprechende Zertifikate. Die Wirksamkeit der Schulungen kann zum Abschluss der Schulung oder über andere Instrumente, wie z. B. online-Tests, bewertet werden.

Für die nicht in der Organisation angestellten Beschäftigten, wie Beschäftigte von externen Anbietern, Auftragnehmer, Leiharbeitnehmer müssen angemessene Formen der Ausbildung, Schulung oder Erfahrung vorhanden sein, wenn ihre Tätigkeiten für die SGA-Leistung der Organisation relevant sind. Leiharbeitnehmer können z. B. als separate Zielgruppe in den Schulungsplan aufgenommen und bei Arbeitsantritt geschult werden. Für externe Anbieter und Auftragnehmer kann das Thema über die Fremdfirmenkoordination geregelt werden (vgl. Abschn. 8.1).

7.3   Bewusstsein

Diese Normanforderung wurde im Zusammenhang mit Abschn. 7.2 betrachtet.

7.4   Interne und externe Kommunikation

Anforderungen der Norm
Die Organisation muss für die interne und externe Kommunikation einen Prozess festlegen, der enthält:

- worüber
- wann
- mit wem
- wie.

kommuniziert wird. Dabei müssen Diversitätsaspekte wie Sprache, Kultur, Lese-, Schreibfähigkeit, Behinderung beachtet werden. Ansichten externer interessierter Parteien (z. B. Beschwerden), Anforderungen aus rechtlichen Verpflichtungen und anderen Anforderungen (z. B. Berichtspflichten gegenüber Behörden) müssen berücksichtigt werden. Die kommunizierten Informationen müssen mit den im SGA-MS erzeugten Informationen übereinstimmen (z. B. Aktualität).

Ergänzend dazu muss auf relevante Äußerungen zum SGA-MS reagiert und, soweit angemessen, dokumentierte Informationen als Nachweis für ihre Kommunikation geführt werden.

Speziell für die interne Kommunikation wird geregelt, dass:

- für das SGA-MS relevante Informationen und Änderungen intern zwischen den verschiedenen Ebenen und Funktionen der Organisation zu kommunizieren sind und
- Kommunikationsprozesse es Beschäftigten ermöglichen sollen, zur fortlaufenden Verbesserung beizutragen.

Hinsichtlich der externen Kommunikation wird gefordert, dass relevante Informationen des SGA-MS, insbesondere wenn sie sich aus rechtlichen Verpflichtungen und anderen Anforderungen ergeben, kommuniziert werden müssen.

Was soll damit erreicht werden?

Über die HLS wurden die Anforderungen an die Kommunikation im Rahmen von Managementsystemen konkretisiert. Es wird die Festlegung eines Kommunikationsprozesses gefordert, der definiert, wer, wann, wie, welche Informationen zum SGA-MS erhält.

Hilfestellungen für die Umsetzung in der Praxis

Bei der Festlegung der Kommunikationsinhalte, -instrumente, -zielgruppen und -termine muss berücksichtigt werden, dass die Norm selber schon Vorgaben macht, welche Informationen intern bzw. extern zu kommunizieren sind. So ist die SGA-Politik gemäß Abschn. 5.2 allen Mitarbeitern bekannt zu machen und den anderen interessierten Parteien zur Verfügung zu stellen. Die Organisation muss festlegen, wie die SGA-Politik intern und extern kommuniziert wird. Einen Überblick über weitere nach ISO 45001 geforderte Kommunikationsinhalte gibt Tab. 7.1.

Die Organisation muss festlegen, wie, an wen und wann diese Inhalte kommunizieren werden und welche weiteren Informationen sie kommunizieren muss (z. B. Grenzwertmessungen aufgrund rechtlicher Verpflichtungen oder das ISO 45001-Zertifikat an die Kunden infolge anderer Anforderungen) bzw. möchte (z. B. SGA-Bericht).

Tab. 7.1 Geforderte Kommunikationsinhalte nach ISO 45001

Normkap.	Geforderte Kommunikations-/Informationsinhalte	Int.	Ext.
5.1	Vermittlung der Bedeutung eines wirksamen SGA-Managements sowie der Erfüllung der Anforderungen des SGA-MS	x	
5.2	SGA-Politik allen Mitarbeitern bekannt machen	x	
5.2	SGA-Politik für interessierte Parteien verfügbar machen, soweit angemessen		x
5.3	Bekannt machen von Verantwortlichkeiten und Befugnisse relevanter Rollen auf allen Ebenen	x	
5.4	Bestimmen, was und wie zur Beteiligung der Beschäftigten kommuniziert wird	x	
6.1.3	Betriebliche Handlungspflichten aus rechtlichen Verpflichtungen und anderen Anforderungen	x	
6.2.1	Vermittlung der SGA-Ziele	x	
7.3	Vermittlung des SGA-MS gemäß den Schwerpunkten aus Abschn. 7.3	x	
7.4.1	Reaktion auf relevante Äußerungen	x	x
7.4.2	Kommunikation SGA-relevanter Informationen auf verschiedenen Ebenen und Funktionen	x	
7.4.3	Kommunikation relevanter Informationen zum SGA-MS		x
8.2	Kommunikation und Bereitstellung relevanter Informationen des Notfallmanagements an alle Beschäftigten bezüglich ihrer Pflichten und Verantwortlichkeiten	x	
8.2	Kommunikation relevanter Informationen des Notfallmanagements an Auftragnehmer, Besucher, Notfalldienste, Behörden und, soweit angemessen, die Ortsgemeinde		x
9.1.1	Ergebnisse der Überwachung	x	x
9.2.2	Kommunikation der Ergebnisse interner Audits an zuständige Führungskräfte sowie relevanter Auditergebnisse an Beschäftigte und, wo vorhanden, deren Vertretern sowie den anderen relevanten interessierten Parteien berichten	x	
9.3	Kommunikation der Inputs für die Managementbewertung an die Oberste Leitung	x	
9.3	Kommunikation relevanter Ergebnisse der Managementbewertungen den Beschäftigten und, wo vorhanden, deren Vertretern durch die Oberste Leitung	x	

(Fortsetzung)

Tab. 7.1 (Fortsetzung)

Normkap.	Geforderte Kommunikations-/Informationsinhalte	Int.	Ext.
10.2	Berichterstattung von Vorfällen und Nichtkonformitäten	x	x
10.2	Übermittlung von dokumentierten Informationen über Nichtkonformitäten und Korrekturmaßnahmen an betroffene Beschäftigte und, wo vorhanden, deren Vertreter	x	x
10.3	Vermittlung relevanter Ergebnisse der fortlaufenden Verbesserung an die Beschäftigten und, wo vorhanden, deren Vertreter	x	

Zur Systematisierung der Kommunikationsinhalte, -instrumente, -zielgruppen und -termine empfiehlt es sich, eine Kommunikationsmatrix anzulegen (vgl. Abb. 7.2), differenziert nach:

- interner Kommunikation, also zwischen den verschiedenen Ebenen und Funktionsbereichen der Organisation und
- externer Kommunikation zu den externen interessierten Parteien (z. B. Behörden, Kunden, Zulieferer, Nachbarn).

Hier sollte auch gleich die Nachweisführung festgelegt werden.

Um die Anfragen der interessierten Parteien und die Reaktion darauf transparent nachweisen zu können, ist es zweckmäßig, diese ebenfalls in einem Formblatt zu dokumentieren (vgl. Abb. 7.3).

Worüber	Wann	Mit wem	Wie	Verantwortlich	Nachweis
Interne Kommunikation					
SGA-Politik, -Ziele, -Verantwortlichkeiten, -Leistung, -Entwicklung	Jährlich	alle Mitarbeiter	SGA-Jahresinformationsveranstaltung	Geschäftsführer	Einladungen nach Jahr
Betriebliche Handlungspflichten im SGA-MS	monatlich	Führungskräfte	Monatsmeeting mit der GF	SGA-Beauftragter	Meetingprotokolle
Externe Kommunikation					
SGA-Politik, grundsätzliche Informationen zum SGA-MS und seiner Weiterentwicklung	Jährlich	Interessierte Kreis	Internet	Öffentlichkeitsarbeit	Internetseite
Ergebnisse aus Vorfalluntersuchungen	Bei Auftreten	Berufsgenossenschaft	Formblatt Vorfallmeldung	SGA-Beauftragter	Formblattnummer und –revisionsstand

Abb. 7.2 Formblatt Kommunikationsmatrix

Relevante Äußerung			Reaktion		
Wann	Wer	Form	Wann	Wer	Form
	Nachbar xy	Beschwerde nächtlicher Produktionslärm		SGA-Beauftragter	Persönliches Gespräch mit Gesprächsprotokoll
	Umweltamt	Anfrage Abwassermessergebnisse wegen festgestellter Flussverunreinigung		SGA-Beauftragter	Übersendung monatlicher Abwasserprüfberichte Außerplanmäßige Messung und Übersendung Prüfbericht

Abb. 7.3 Formblatt Dokumentation relevanter Äußerungen interessierter Parteien

7.5 Dokumentierte Informationen

Anforderungen der Norm
Im SGA-MS sind zu dokumentieren, die:

a) von der Norm geforderten Informationen (vgl. Tab. 7.2) und
b) Informationen, die die Organisation als notwendig für die Wirksamkeit des SGA-MS bestimmt (z. B. Lage- oder Medienpläne).

Es müssen Regelungen für die Erstellung und Aktualisierung der dokumentierten Informationen festgelegt werden, dazu gehören:

- Kennzeichnung und Beschreibung (z. B. Titel, Datum, Autor oder Referenznummer)
- Format (z. B. Sprache, Softwareversion, Grafiken) und Medium (z. B. Papier, elektronisch)
- Überprüfung und Genehmigung vor Freigabe.

Sowohl interne als auch externe dokumentierte Informationen müssen gelenkt werden, d. h. es müssen Regelungen festgelegt werden für:

- Verfügbarkeit, Verteilung, Zugriff, Auffindung, Verwendung
- Ablage, Speicherung, Erhaltung
- Informationssicherheit, Datenschutz
- Aktualisierung, Überwachung von Änderungen
- Kennzeichnung, Lenkung externer oder veralteter dokumentierter Informationen.

Tab. 7.2 Geforderte dokumentierte Informationen nach ISO 45001

Normkap.	Art der dokumentierten Information
4.3	Anwendungsbereich des SGA-MS
5.2	SGA-Politik
5.3	Rollen, Verantwortlichkeiten und Befugnisse
6.1.1	Ermittelte Risiken und Chancen, Abgeleitete Maßnahmen
6.1.2.1/6.1.2.2	Ermittelte Risiken aus Gefährdungen und Methodik zur Bewertung
6.1.3	Bindende Verpflichtungen und unternehmerische Handlungspflichten
6.2.2	SGA-Ziele und -Pläne
7.2	Kompetenznachweise
7.4.1	Nachweise zur internen und externen Kommunikation
8.1.1	Regelungen zu SGA-relevanten Prozessen
8.2	Regelungen zum Notfallmanagement und Notfallpläne
9.1.2	Ergebnisse der Compliance-Bewertung
9.2.2	Verwirklichung des Auditprogramms und Ergebnisse der Audits
9.3	Ergebnisse der Managementbewertung
10.2	Vorfälle, Nichtkonformitäten, getroffene Maßnahmen, Ergebnisse der Maßnahmen, Korrekturmaßnahme, Wirksamkeit
10.3	Informationen über die fortlaufende Verbesserung des SGA-MS

Was soll damit erreicht werden?

Wichtige Regelungen im SGA-MS müssen dokumentiert werden, um Aufbau, Funktionsweise und Umsetzungsstand des Managementsystems objektiv nachvollziehen zu können. Es gilt die Regel, nur was dokumentiert ist, ist nachprüfbar. Damit kommt der Dokumentation im Rahmen von internen und externen Audits eine wichtige Rolle zu.

Hilfestellungen für die Umsetzung in der Praxis

Mit Einführung der HLS wird nicht mehr zwischen Dokumenten und Aufzeichnungen unterschieden, sondern dafür der Begriff „Dokumentierte Informationen" genutzt.[2]

---

[2]vgl. auch ISO 45001, Begriffe 3.24.

Die ISO 45001 gibt an verschiedenen Punkten vor, welche dokumentierten Informationen mindestens vorzuhalten sind (siehe oben Punkt a) und Tab. 7.2). Diese dokumentierten Informationen werden i. d. R. ergänzt um Informationen, die die Organisation als notwendig für die Wirksamkeit des SGA-MS bestimmt (siehe oben Punkt b). Das kann reichen von:

- korrespondierenden Dokumenten aus dem Qualitätsmanagementsystem (z. B. Kunden-, Zulieferlisten)
- internen SGA-relevanten Dokumenten (z. B. Lagepläne, Medienpläne) und
- externen SGA-relevanten Dokumenten (z. B. Prüfberichte).

Die oben in Punkt a) und b) genannten Dokumente können also sein:

- Vorgabedokumente (Prozessbeschreibungen/Verfahrensanweisungen, z. B. zur Durchführung der Gefährdungsbeurteilung)
- Nachweisdokumente (Aufzeichnungen wie ausgefüllte Formblätter oder Checklisten, z. B. die Ergebnisse der Gefährdungsbeurteilung)
- Betriebsdokumente (z. B. Organigramm, Lagepläne) und andere interne Dokumente (z. B. Messprotokoll über Arbeitsplatzgrenzwerte)
- externe Dokumente (Informationen von Vertragspartnern, externen Beauftragten, Normen).

Für interne und externe dokumentierte Informationen müssen Regeln für deren Erstellung und Lenkung definiert werden. Diese werden i. d. R. ebenfalls in Verfahrensanweisungen festgelegt und sind zum großen Teil auf den Dokumenten selber in deren Kopf- und Fußzeile erkennbar (siehe Abb. 7.4).

Um die Vielzahl der anfallenden dokumentierten Informationen zu systematisieren, empfiehlt es sich, eine Dokumentenmatrix anzulegen. Aus dieser wird der Aufbau der gesamten SGA-Dokumentation, die pro Gliederungspunkt mitgeltenden Dokumente sowie Regelungen zur Lenkung der Dokumente deutlich. Das Formblatt in Abb. 7.5 gibt ein (nicht vollständiges) Beispiel für den Abschn. 5.3 der ISO 45001. Die Oberpunkte der Gliederung (also Kap. 4, 5, 6, etc.) können für kurze Beschreibungen in Form von Handbuchkapiteln genutzt werden, um zu erläutern, was in dem jeweiligen Kapiteln aus Sicht des SGA-MS geregelt wird. Dies ist eine recht pragmatische Lösung, um den Aufbau der SGA-MS-Dokumentation für alle Nutzer zu erläutern und auf ein Handbuch (welches von der Norm auch nicht gefordert wird) zu verzichten. Alternativ sind auch webbasierte Anwendungen üblich. Grundsätzlich gilt, dass die Dokumentation so gering wie nötig, aber so aussagefähig wie möglich zu halten ist.

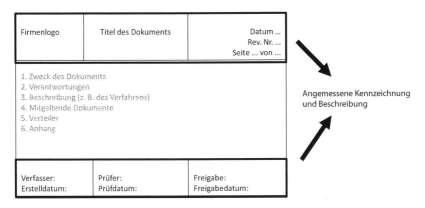

Abb. 7.4 Normgerechte Kennzeichnung dokumentierter Informationen

Inhalt Dokumentation	Typ Dokument	Nr. Dokument	Titel Dokument		GF	UMB	erstellen/ ändern	prüfen/ freigeben	archivieren	Dauer*
5.3 Rollen, Verantwortlichkeiten und Befugnisse Die Gesamtverantwortung für das SGA-MS obliegt der Geschäftsführung. Diese weist relevanten Rollen (z. B. Führungskräften, Beschäftigten) Verantwortlichkeiten und Befugnissen zur Aufrechterhaltung des SGA-MS zu. Ergänzend dazu werden gesetzlich vorgeschriebene Beauftragte berufen (z. B. Sifa, SiB, Betriebsarzt)										
	VA	5.3-1	Beauftragung von Verantwortlichkeiten und Befugnissen im SGA-MS							
	FB	5.3.-1	Beauftragte und besondere Funktionsträger im SGA-MS							
	FB	6.3.-1	Bestellungsurkunde SGA Vorlage							
	IND		Stellenbeschreibung Vorlage							
	IND		Bestellungsurkunde SGA-Beauftragter							
	IND		Bestellungsurkunde Brandschutzbeauftragter							
	EXD		Vertrag SiFa							
	EXD		Vertrag Betriebsarzt							

Angemessene Lenkung dokumentierter Informationen

VA = Verfahrensanweisung
FB = Formblatt
IND = Internes Dokument
EXD = Externes Dokument

Abb. 7.5 Formblatt Aufbau einer Dokumentenmatrix

Abschließend wollen wir noch erwähnen, dass Organisationen bei der Dokumentation des SGA-MS i. d. R. nicht bei „Null" beginnt, sondern auf vorhandenen Strukturen und Dokumenten aufbauen kann. Aufgrund der HLS werden sowohl für das Managementsystem, als auch für die erforderlichen dokumentierten Informationen ähnliche Anforderungen in der ISO 9001 für Qualitäts-, in der ISO

14001 für Umwelt- und in der ISO 50001 für Energiemanagementsysteme gelegt. Diese Synergien gilt es zu nutzen, indem geprüft wird, für welche Bereiche des Managementsystems schon Verfahrensanweisungen oder Formblätter vorliegen, die ergänzt/modifiziert werden können (z. B. interne, externe Kommunikation) und welche Bereiche aus Sicht des SGA-MS neu/separat werden müssen (z. B. Gefährdungsbeurteilung).

Den Betrieb gewährleisten 8

Kap. 8 beinhaltet Anforderungen für die Planung und Steuerung der für das SGA-MS erforderlichen betrieblichen Prozesse und das Notfallmanagement.

8.1 Betriebliche Planung und Steuerung

Abschn. 8.1.1–8.1.3 werden in diesem *essential* im Zusammenhang besprochen.

8.1.1 Anforderungen an die betriebliche Planung und Steuerung

Anforderungen der Norm
Es müssen Prozesse zur Erfüllung der Anforderungen des SGA-MS und zur Durchführung der aus Kap. 6 geplanten Maßnahmen etabliert werden. Dies umfasst, die (Abschn. 8.1.1 der ISO 45001):

a) Festlegung von Kriterien, nach denen die Prozesse ablaufen sollen
b) Umsetzung der Prozesse in Übereinstimmung mit den Kriterien
c) Dokumentierte Nachweisführung über a) und b)
d) Anpassung der Prozesse an die Arbeit der Beschäftigten.

© Springer Fachmedien Wiesbaden GmbH, ein Teil von Springer Nature 2019
J. Brauweiler et al., *Arbeitsschutzmanagementsysteme nach ISO 45001:2018*,
essentials, https://doi.org/10.1007/978-3-658-24409-5_8

Abschn. 8.1.2 ergänzt, dass Prozesse zur Beseitigung von Gefahren und Verringerung der SGA-Risiken folgender Maßnahmenhierarchie folgen müssen:[1]

a) Beseitigen der Gefahr (Verzicht auf bestimmte Anlagen, Stoffe, Prozessschritte)
b) Substitution durch gefahrenfreie/weniger gefährliche Arbeitsprozesse, Betriebsabläufe, Arbeitsstoffe, Arbeitsmittel (z. B. Anwendung alternativer gesundheitsfreundlicher Stoffe bzw. sicherer Maschinen, Anlagen)
c) Anwendung technischer Maßnahmen (z. B. zusätzliche Luftabsaugung, Lärmreduzierung durch Schalldämmung) und Veränderung der Organisation der Arbeit (z. B. Rotationsprinzip)
d) Anwendung administrativer Maßnahmen, einschließlich Schulungen (z. B. regelmäßige Überprüfung und Wartung, Bereitstellung von Anweisungen für Abweichungsmeldungen)
e) Einsatz geeigneter persönlicher Schutzausrüstung (z. B. Arbeitskleidung wie Sicherheitsschuhe, Schutzbrillen, Gehörschutz, Schutzhandschuhe).

Abschn. 8.1.3 fügt hinzu, dass auch Prozesse für geplante vorübergehende und dauerhafte Änderungen geplant werden müssen. Solche Änderungen können sein:

• neue oder geänderte Produkte, Dienstleistungen, Arbeitsprozesse, -orte, -umgebungen, -organisation, -bedingungen, -mittel, -kräfte
• rechtliche Änderungen oder Veränderungen bei anderen Anforderungen
• Wissens-, Informationsveränderungen bzw. -weiterentwicklungen über Gefährdungen und SGA-Risiken
• Fortentwicklung der Technologie.

In diesem Zusammenhang sind die Folgen unbeabsichtigter Änderungen zu beurteilen und erforderliche Maßnahmen zur Abschwächung negativer Auswirkungen zu treffen.

Was soll damit erreicht werden?
Das SGA-MS kann nur dann den gewünschten Effekt erzielen, wenn zum einen die in der Organisation ablaufenden Management-, Kern- und unterstützenden Prozesse SGA-gerecht ablaufen (z. B. Fertigung) und zum anderen Prozesse, die für die Umsetzung des SGA-MS erforderlich sind, etabliert werden und die

---

[1]Vgl. ISO 45001, Anhang, A.8.1.2, S. 75 f.

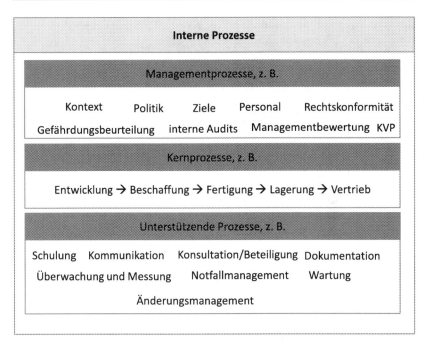

Abb. 8.1   Prozesslandkarte aus Sicht des SGA-MS

Management-, Kern- und unterstützenden Prozesse ergänzen (z. B. Auditierung). Hierbei soll erreicht werden, dass die Prozesse nach definierten, dokumentierten und kontrollierbaren Bedingungen ablaufen, um zu gewährleisten, dass Gefahren und Risiken vermieden, reduziert oder zumindest kontrolliert werden. Die dabei anzuwendende Maßnahmenhierarchie folgt dem Prinzip, zuerst die Ursachen von Gefahren und Risiken abzustellen, bevor additive Schutzmaßnahmen zum Tragen kommen. Um neue Gefährdungen und Risiken, die durch Änderungen auftreten können dabei zu berücksichtigen, soll auch eine Regelung zum Änderungsmanagement getroffen werden, die z. B. in andere Prozessregelungen integriert werden kann.

Hilfestellungen für die Umsetzung in der Praxis

Um die Prozesse planen und steuern zu können ist es erforderlich, sich einen Überblick über die betrieblichen Prozesse zu verschaffen. Hierzu wird im Rahmen von Managementsystemen das Instrument der Prozesslandkarte (PLK) benutzt, bei der die betrieblichen Prozesse nach Management-, Wertschöpfungs- und unterstützenden

Prozessen differenziert und visualisiert werden (vgl. Abb. 8.1). Oftmals ist eine PLK schon in Organisationen vorhanden. Es ist dann zu überlegen:

a) Welche dieser in der Organisation stattfindenden Prozesse SGA-relevant sind und geregelt werden müssen (z. B. Fertigung) und
b) Welche sich aus dem SGA-MS ergebenen Prozesse in der PLK zu ergänzen sind (z. B. Gefährdungsbeurteilung, Konsultation und Beteiligung, Rechtskonformität).

Die Regelung der Prozesse erfolgt üblicherweise über Verfahrensanweisungen (VA) oder Arbeitsanweisungen (AA). Hier werden Kriterien für den SGA-gerechten Ablauf des Prozesses (z. B. der Kernprozesse) bzw. zur Gewährleistung der Konformität mit den Anforderungen der ISO 45001 (z. B. interne Auditierung) definiert und über Formblätter dokumentiert. So können z. B. für den Betrieb einer Fertigungsmaschine Reinigungs- und Wartungsintervalle in der VA definiert sein, deren Umsetzung über entsprechende Aufzeichnungen dokumentiert wird. Sofern möglich, können Regelungen des Änderungsmanagements in die Anweisungen integriert werden, z. B. kann in eine VA zur Beschaffung (von Arbeitsmitteln, Anlagen, Stoffen) bei Neuanschaffung die Prüfung auf Gefahren und Risiken als Prozessschritt eingebaut werden.

Bei der Festlegung der Prozesskriterien muss die Maßnahmenhierarchie aus Abschn. 8.1.2 berücksichtigt werden. In der Arbeitsschutzpraxis ist diese unter dem „STOP"-Prinzip bekannt (Substitution/Beseitigung vor technischen vor organisatorischen/administrativen vor persönlichen Maßnahmen).

8.1.2   Gefahren beseitigen und SGA-Risiken verringern

Die Anforderungen dieses Normkapitels wurden unter Abschn. 8.1.1 mitbetrachtet.

8.1.3   Änderungsmanagement

Die Anforderungen dieses Normkapitels wurden unter Abschn. 8.1.1 mitbetrachtet.

8.1.4   Beschaffung

Zur Beschaffung regelt die Norm nicht nur den eigentlichen Beschaffungsprozess, sondern gibt auch Vorgaben für den Umgang mit Auftragnehmern und ausgegliederten Prozessen.

Anforderungen der Norm

Es muss ein Prozess zur Steuerung der Beschaffung von Produkten und Dienstleistungen etabliert werden, damit dieser konform zum SGA-MS abläuft. Dabei sind Beschaffungsprozesse mit den Auftragnehmern zu koordinieren, um Gefährdungen zu ermitteln und die SGA-Risiken zu bewerten und zu kontrollieren, die resultieren aus Tätigkeiten und Betriebsabläufen der:

- Auftragnehmer, die sich auf die eigene Organisation auswirken (z. B. bei Lieferung)
- der Organisation, die sich auf die Beschäftigten der Auftragnehmer auswirken (z. B. Notfallmanagement)
- Auftragnehmer, die sich auf andere interessierte Parteien am Arbeitsplatz auswirken (z. B. Veranstaltungsmanagement oder Instandhaltungsmaßnahmen).

Es muss sichergestellt sein, dass die Anforderungen des SGA-MS auch von den Auftragnehmern und deren Beschäftigten erfüllt werden. Außerdem müssen in den Beschaffungsprozess Kriterien aufgenommen werden, mittels derer Auftragnehmer nach SGA-Kriterien bewertet und ausgewählt werden. Die Kriterien können in Vertragsdokumente aufgenommen werden.

Ausgegliederte Funktionen und Prozesse müssen gesteuert werden. Art und Grad der Steuerung ist durch das SGA-MS festzulegen. Dabei muss die Organisation sicherstellen, dass die rechtlichen Verpflichtungen und anderen Anforderungen eingehalten werden.

Was soll damit erreicht werden?

Von den in der PLK genannten Prozessen (vgl. Abb. 8.1) wird die Beschaffung als explizit unter SGA-Gesichtspunkten zu regelnder Prozess betont. Denn gemäß der „STOP"-Philosophie sollen die Beschaffungsprozesse genutzt werden, um Gefahren und Risiken, die im Zusammenhang mit Produkten, Stoffen, Arbeitsmitteln und Dienstleistungen stehen, vorbeugend zu reduzieren. Bei der Entwicklung des Prozesses müssen die Beschäftigten konsultiert werden (vgl. Abschn. 5.4). Auch die Beauftragung von Auftragnehmern (z. B. für die Durchführung von Bautätigkeiten auf dem eigenen Werksgelände) oder die Ausgliederung von Prozessen (z. B. zur Oberflächenbeschichtung) entbindet die Organisation nicht von ihrer Verantwortung für SGA ihrer Beschäftigten sowie der Beschäftigten der Auftragnehmer bei der Ausführung dieser Prozesse zu sorgen. Deshalb hat die Organisation entsprechende Instrumente zur SGA-gerechten Auswahl ihrer Auftragnehmer zu entwickeln, bis hin zur Überprüfung, ob der Auftragnehmer oder der Prozesseigner für den ausgegliederten Prozess die für die beauftragten Aufgaben erforderliche Kompetenz besitzt.

Hilfestellungen für die Umsetzung in der Praxis

Beschaffung

Der Beschaffungsprozess ist in einer Organisation i. d. R. schon über das Qualitäts-, Umwelt- oder Energiemanagementsystem oder anderweitig mittels einer VA geregelt. Diese Regelung muss um SGA-Kriterien ergänzt werden. Waren bisher z. B. Qualität, Preis und Liefertreue Auswahlkriterien für die Lieferanteneinstufung, sind diese um ein oder mehrere SGA-Kriterien zu ergänzen und eine Gewichtung zwischen den Kriterien festzulegen. Zur Unterlegung der Bewertung des SGA-Kriteriums des Vertragspartners ist ein objektiver Nachweis über dessen operatives SGA-Engagement notwendig. Dies kann z. B. durch eine Zertifizierungsabfrage (z. B. SCC, SCP, ISO 45001, Berufsgenossenschaftlicher Standard) oder durch SGA-Audits erfolgen. Je nach Marktmacht der Organisation und der Konkurrenzsituation der entsprechenden Auftragnehmer können aber die Möglichkeiten der Organisation, hier Bedingungen zu stellen, auch sehr gering sein.

Auftragnehmer

Um Regelungen für Auftragnehmer und ausgegliederte Prozesse treffen zu können ist es hilfreich, die bestehende PLK, die bisher nur die internen Prozesse der Organisation abdeckt, um die Prozesse der Auftragnehmer und die ausgegliederten Prozesse zu erweitern (vgl. Abb. 8.2). Alternativ kann zur internen PLK auch eine weitere PLK angefertigt werden.

Der Umgang mit Auftragnehmern wird üblicherweise mittels der sog. Fremdfirmenkoordination geregelt. Zu solchen Fremdfirmen zählen Prüf-, Wartungs- und Baumfirmen, Sicherheits- und Reinigungsdienste, aber auch Berater oder Spezialisten. Hier wird Fremdfirmen im Rahmen des Vertragsabschlusses ein Sicherheitsmerkblatt ausgehändigt, in dem die SGA-Richtlinien für ihre Tätigkeit auf dem Betriebsgelände des Auftraggebers beschrieben sind, die die Fremdfirma mit Vertragsabschluss durch Unterschrift bestätigt (vgl. Abb. 8.3).

Bei Aufnahme der Tätigkeit der Fremdfirma auf dem Betriebsgelände sollte eine verantwortliche Person (z. B. der SGA-Beauftragte oder auch ein sog. Fremdfirmenkoordinator) die Zugangskontrolle haben, die Kenntnisnahme des Sicherheitsmerkblattes der Fremdfirma überprüfen, eine Vor-Ort-Unterweisung der Mitarbeiter der Fremdfirma durchführen und dokumentieren. Ergänzend dazu sollte vom Auftragnehmer ein entsprechender Qualifikationsnachweis (z. B. über die Kompetenz zur Prüfung bestimmter Geräte, Anlagen und Hilfsmittel, wie z. B. Regale) und auch ein Nachweis über den SGA-Standard des eingesetzten Arbeitsmittels (z. B. Maschinen, aber auch Stoffe) gefordert werden.

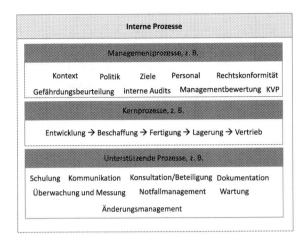

Abb. 8.2 Erweiterte PLK um Auftragnehmer und ausgegliederte Prozesse

Sicherheitsmerkblatt für Fremdfirmen
Wir legen höchsten Wert auf die Einhaltung von SGA auf unserem Betriebsgelände. Hiermit informieren wir Sie über die für Ihre Tätigkeiten relevanten SGA-Abläufe und –Regelungen.

Bitte bestätigen Sie uns die Kenntnisnahme dieser Regelungen auf der letzten Seite dieses Dokuments. Diese Bestätigung ist Bestandteil der Auftragsbedingungen zwischen unserem Unternehmen und der Fremdfirma und ist mit Vertragsunterzeichnung vorzulegen.

Richtlinien für Fremdfirmen:
Anmeldung/Aufenthalt:
• Fremdfirmen melden sich beim Eintreffen auf dem Betriebsgelände an der Pforte an
• Fremdfirmen dürfen sich nur in den ihnen zugewiesenen Arbeitsbereichen aufhalten.
Arbeitsschutz:
• Allgemeine Regelungen für Ordnung und Sauberkeit am Arbeitsplatz, einschlägige Arbeits- und Unfallverhütungsvorschriften sowie die für die durchzuführende Tätigkeit über die Gefährdungsbeurteilung festgelegten Schutzmaßnahmen sind einzuhalten
• Die eigenmächtige Bedienung betrieblicher Maschinen und Anlagen unseres Unternehmens ist nicht gestattet. Ist die Benutzung für die Ausübung der Tätigkeiten der Fremdfirma erforderlich, muss betriebseigenes Personal angefordert werden. Sicherheitseinrichtun gen an Maschinen und Anlagen dürfen nicht beseitigt oder unwirksam gemacht werden
• Unfälle auf dem Betriebsgelände oder festgestellte oder drohende Schäden bzw. Unfälle sind dem SGA-Beauftragten sofort zu melden.
Umweltschutz:
• Die einschlägigen Bestimmungen des Umweltrechts bezüglich Luft-, Wasser, und Bodenreinhaltung, Abfallbeseitigung, Gefahrstoffmanagement und Lärmschutz sind einzuhalten
• Die Fremdfirma ist für die ordnungsgemäße Entsorgung der bei ihren Arbeiten anfallenden Abfällen selbständig verantwortlich, es sei denn, es wurde mit uns etwas anderes vereinbart
• Verwendete Gefahrstoffe müssen ausreichend und eindeutig gekennzeichnet sein
• Das Eindringen von Gefahrstoffen und wassergefährdenden Stoffen in den Boden und die Kanalisation ist zu vermeiden. Sollte di eser Fall doch eintreten, so sind ausgelaufene oder verschüttete Stoffe sind unverzüglich zu beseitigen und der UMB sofort zu informier en.

Kenntnisnahme durch die Fremdfirma
Hiermit bestätigen wir, dass wir die Regelungen dieses Sicherheitsmerkblattes für Fremdfirmen:
• **zur Kenntnis genommen haben**
• **diejenige Mitarbeiter, die auf dem Betriebsgelände des Auftraggebers tätig werden, unterweisen**
• **bei unseren Tätigkeiten auf dem Betriebsgelände der Firma „Beispiel" einhalten werden.**

_____
Datum, Unterschrift, Stempel
Fremdfirma

Abb. 8.3 Vertragsrelevantes Sicherheitsmerkblatt für Fremdfirmen

Ausgegliederte Prozesse

Für einen ausgegliederten Prozess ist charakteristisch, dass „… eine externe Organisation einen Teil einer Funktion oder eines Prozesses der Organisation wahrnimmt bzw. durchführt."[2] In der Regel wird er von den interessierten Parteien als in der Verantwortung der Organisation wahrgenommen. Ein ausgegliederter Prozess kann sich nicht nur auf die Management-, Kern- oder unterstützenden Prozesse beziehen (z. B. Durchführung von Audits, Oberflächenbeschichtung, Prüfung von Anlagen), sondern auch relevante Funktionen einer Organisation betreffen, wie z. B. die Aufgaben der SiFa oder des Betriebsarztes. Die ISO 45001 entlässt die Organisation nicht aus ihrer SGA-Verantwortung für den ausgegliederten Prozess, sie soll diesen Prozess entsprechend der Anforderungen ihres SGA-MS überwachen, allerdings kann sie selber das Ausmaß des Einflusses auf den ausgegliederten Prozess festlegen. Auch hier wird es von der Marktmacht und Konkurrenzsituation abhängig sein, in welcher Stärke die Organisation ihre SGA-Anforderungen auf aufgegliederte Prozesse gelten machen kann. Mögliche Instrumente wären:[3]

• Gespräche, Informationsaustausch zu SGA-Politik, -Ziele, bindenden Verpflichtungen
• Gemeinsame Vereinbarungen zu SGA-Politik, -Ziele, bindenden Verpflichtungen
• Implementierung von SGA-Kriterien in die Vertragsbedingungen
• Anforderung von SGA-Kompetenznachweisen (z. B. im Rahmen einer SCC-Zertifizierung) oder Zertifizierung (ISO 45001 oder anderer Standard)
• Durchführung von SGA-Audits
• Anforderung eines/ISO 45001-Zertifizierungsnachweis.

8.2   Notfallplanung und Reaktion

Anforderungen der Norm

Die Organisation muss auf mögliche Notfallsituationen vorbereitet sein und reagieren können indem sie:

• zur Gefahrenabwehr Notfallpläne entwickelt, einschließlich der Versorgung durch Erste Hilfe
• Schulungen für geplante Reaktionen bereitstellt

---

[2]ISO 45001, Begriffe 3.29.
[3]Die Reihenfolge der Maßnahmen entspricht einem zunehmenden Einflusspotenzial.

- wiederkehrend Notfallübungen durchführt und ihre Reaktionsfähigkeit überprüft
- ihre diesbezügliche Leistungsfähigkeit bewertet und sofern notwendig ihr Notfallmanagement anpasst, insbesondere nach dem Eintreten einer Notfallsituation
- allen Beschäftigten ihre Pflichten und Verantwortlichkeiten kommuniziert und relevante Informationen für das Notfallmanagement bereitstellt
- Auftragnehmern, Besuchern, Notfalldiensten, Behörden und sofern angemessen der Ortsgemeinde relevante Notfallinformationen kommuniziert
- den Bedürfnissen und Fähigkeiten der relevanten interessierten Parteien Rechnung trägt und in die Entwicklung geplanter Notfallreaktionen einbezieht, sofern angemessen.

Für diese Prozesse und für die Notfallpläne müssen dokumentierte Informationen vorliegen.

Was soll damit erreicht werden?
Im Rahmen eines SGA-MS sollen nicht nur Prozesse des laufenden Betriebes, sondern auch mögliche „abnormale" Situationen geregelt werden, um die dabei möglicherweise auftretenden SGA-Gefahren und -Risiken so weit und so schnell wie möglich zu begrenzen.

Tab. 8.1 Checkliste zur Überprüfung des Notfallmanagements mit den Anforderungen der ISO 45001

Ja	Nein	Relevante Fragestellungen
		Gab es Veränderungen bei möglichen Notfallsituationen?
		Sind die Ansprechpartner, Prozesse, Maßnahmen, Ausstattung (z. B. Feuerlöscher, Erste-Hilfe-Kästen) noch aktuell?
		Werden die Gefahrenabwehrmaßnahmen (z. B. Beschilderung, Sammelplätze, freie Fluchtwege) gesetzeskonform umgesetzt?
		Werden Unterweisungen/Schulungen für alle Personen, insbesondere neue Mitarbeiter, Fremdfirmen, Besucher durchgeführt?
		Erfolgt eine interne Kommunikation der Regelungen und Verantwortlichkeiten?
		Erfolgt eine externe Kommunikation mit benachbarten Organisationen und Hilfseinrichtungen?
		Werden Notfallübungen durchgeführt?
		Werden alle Prozesse dokumentiert?

Hilfestellungen für die Umsetzung in der Praxis

Im Prinzip handelt es sich hier um eine aus dem Arbeitsschutz- und/oder Immissionsschutzrecht für alle Organisationen bekannte Forderung (§ 4 Abs. 4 ArbStättV, Technischen Regel für Arbeitsstätten ASR A2.3, 12. BImsch V-Störfallverordnung). Somit sind in den Organisationen i. d. R. Notfallpläne für typische Notfallsituationen vorhanden wie z. B.:

- Not-/Störfälle (z. B. Brand, Austreten gefährlicher Stoffe, Explosionen, Zerknall, Wassereinbruch, Einsturz)
- Unfälle mit Personenschaden (z. B. Absturz, Wegeunfälle)
- Ausfälle/Probleme an Anlagen, Maschinen, Fahrzeugen (z. B. defekte Schutzvorrichtungen, Transportunfall)
- Notfälle durch externe Personen (z. B. kriminelle Akte)
- Folgen von Naturereignissen (z. B. Erdbeben, Hochwasser, Starkregen, Sturm).

Die Einführung eines SGA-MS ist ein guter Anlass, um die diesbezüglichen Regelungen in folgender Weise regelmäßig auf Vollständigkeit und Aktualität zu prüfen (vgl. Tab. 8.1). Hierbei sind keine für das SGA-MS spezifischen Regelungen zu treffen, sondern vielmehr die Regelungen organisationsweit zu vereinheitlichen.

Die Leistung bewerten 9

Kap. 9 umfasst Aufgaben der Überprüfung der Festlegungen und Ergebnisse des SGA-MS.

9.1 Überwachung, Messung, Analyse und Bewertung

Anforderungen der Norm
Die Anforderungen beziehen sich auf zwei Bereiche:
1. Die SGA-Leistung ist zu überwachen, zu messen, zu analysieren und zu bewerten, um die Wirksamkeit des SGA-MS zu bestimmen. Dazu ist festzulegen:
   - was überwacht und gemessen wird (Gefährdungen, Risiken und Chancen von Tätigkeiten, Abläufe, gemäß rechtlicher Verpflichtungen und anderer Anforderungen, Fortschritt der SGA-Zielerreichung, Wirksamkeit von Maßnahmen)
   - mit welchen Methoden überwacht, gemessen, analysiert und bewertet wird (dabei ist auf kontrollierte Bedingungen, wie z. B. Messroutinen gemäß DIN, kalibrierte, geprüfte Messgerätekalibrierte und geprüfte Messgeräte, zu achten)
   - Bewertungskriterien, anhand derer die SGA-Leistung bewertet wird
   - wann die Überwachung und Messung durchzuführen ist
   - wann diese Ergebnisse analysiert, bewertet und kommuniziert werden.

Es müssen dokumentierte Informationen sowohl über die Ergebnisse der Überwachung, Messung, Analyse und Leistungsbewertung, als auch über die Wartung, Kalibrierung und Prüfung der Messgeräte geführt werden.

© Springer Fachmedien Wiesbaden GmbH, ein Teil von Springer Nature 2019
J. Brauweiler et al., *Arbeitsschutzmanagementsysteme nach ISO 45001:2018*,
essentials, https://doi.org/10.1007/978-3-658-24409-5_9

2. Die Konformität mit den gesetzlichen und sonstigen bindenden Verpflichtungen
ist zu bewerten. Die Organisation muss dazu:

* Häufigkeit und Methoden zur Bewertung festlegen
* die Einhaltung ihrer Verpflichtungen bewerten und bei Abweichungen
  Maßnahmen ergreifen
* ihren Status hinsichtlich der Einhaltung der Verpflichtungen kennen und
  einschätzen.

Die Ergebnisse dieser Compliance-Bewertung müssen als dokumentierte Informationen geführt werden. Dieses Thema wurde im Rahmen des Abschn. 6.1.3
angesprochen.

Was soll damit erreicht werden?

Die über die vorangegangenen Normanforderungen festgelegten SGA-Ziele,
-Maßnahmen, -Strukturen, -Prozesse und -Aktivitäten sollen regelmäßig überprüft werden. Dazu müssen diese nach vorgegebenen Kriterien überwacht,
gemessen, analysiert und bewertet werden (vgl. Tab. 9.1). Die Überprüfung
bezieht sich explizit nicht nur auf die Gefährdungen und Risiken, sondern auch
auf die Rechtskonformität, organisatorische oder prozessuale Festlegungen oder
auf die Funktionsfähigkeit der Infrastruktur (Maschinen und Anlagen).

Tab. 9.1 Begriffsunterscheidung Überwachung-Messung-Analyse-Bewertung. (Quelle: ISO
45001, Anhang A.9.1.1)

Begriff	Verständnis
Überwachung	• Fortlaufende Überprüfung, Aufsicht, kritische Beobachtung oder Bestimmung des Status …, um eine Änderung zum geforderten oder erwarteten Leistungsniveau zu ermitteln • Instrumente sind z. B. Interviews, Überprüfungen von dokumentierten Informationen, Beobachtungen
Messung	• Verknüpfung von Zahlen mit Dingen oder Ereignissen … durch die Verwendung von kalibrierte oder verifizierter Ausrüstung zur Messung der Exposition … oder der Berechnung eines Sicherheitsabstandes
Analyse	• Untersuchung von Daten, um Beziehungen, Muster und Trends aufzuzeigen … um Schlussfolgerungen auf Grundlage der Daten zu ermöglichen
Leistungsbewertung	• Bestimmung der Eignung, Angemessenheit und Wirksamkeit der Sache

Hilfestellungen für die Umsetzung in der Praxis

Festlegungen zur Überwachung, Messung, Analyse und Bewertung sind am praktikabelsten bei den jeweiligen Normanforderungen zu regeln und in den in diesem *essential* vorgestellten Formblättern dort wo möglich schon enthalten. Sehr gut kann dies am Beispiel der SGA-Ziele und der Rechtskonformität erläutert werden. Im Formblatt in Abb. 6.6 werden die SGA-Ziele erfasst und bewertet. Durch die letzte Spalte wird die Entwicklung der Gefährdung oder des Risikos/ der Chance mittels einer Kennzahl gemessen und überwacht. Diese wird regelmäßig analysiert und bewertet. Im Formblatt in Abb. 6.3 werden die bindenden Verpflichtungen erfasst. Mittels der letzten drei Spalten wird die Einhaltung der rechtlichen und anderen Vorschriften geprüft und bei Abweichungen Maßnahmen, Termine und Verantwortlichkeiten definiert. In gleicher Weise kann die Überwachung, Messung, Analyse und Bewertung auch in die dokumentierten Informationen der anderen Normanforderungen integriert werden (vgl. Tab. 9.2).

Das heißt, es sollten nicht neue Überwachungs-, Messungs-, Analyse- und Bewertungskriterien/-routinen definiert, sondern diese in die vorab geregelten

Tab. 9.2 Überwachungs- und Messansätze. (Quelle: ISO 45001, Anhang A.9.1.1)

Kap.	Überwachungs- und Messbereiche
4	• Regelmäßige Aktualisierung und (Neu-)Bewertung der Kontext- und Stakeholderanalyse
5	• Regelmäßige Überprüfung der Aktualität der SGA-Politik, Rollen, Verantwortlichkeiten und Befugnisse
6	• Regelmäßige Aktualisierung und (Neu-)Bewertung der Chancen und Risiken, Gefährdungen, Rechtskonformität, Einhaltung von Tarifverträgen, Status von Compliance-Lücken • Umsetzungsstand SGA-Ziele und –Maßnahmen • Gemeldete arbeitsbezogene Vorfälle, Verletzungen, Erkrankungen, Trends
7	• Messung der vermittelten Kompetenz im Rahmen durchgeführter Schulungen • Regelmäßige Überwachung des Umsetzungsstatus interner und externer Kommunikationsmaßnahmen • Beschwerden durch die Beschäftigten • Regelmäßige Überprüfung der Aktualität und Passfähigkeit der dokumentierten Informationen
8	• Regelmäßige Überprüfung der Aktualität und Passfähigkeit der Festlegungen zur Prozesslenkung • Wirksamkeit der Notfallübungen
9	• Regelmäßige Durchführung interner Audits und des Management-Reviews
10	• Kontinuierliche Umsetzung identifizierter Korrekturmaßnahmen

Prozesse integriert und hier übergreifend analysiert werden. Wichtig ist, sich einen Überblick über alle zu überprüfenden Prozesse und Aktivitäten zu verschaffen, z. B. durch einen Überwachungskalender. Dieser kann um weitere Informationen, wie z. B. die Überwachung der technischen Infrastruktur, ergänzt werden, die oftmals über den Bereich Arbeitsschutz im Rahmen von Wartungsplänen umfassend geregelt ist. Auf diese Weise ist auch ein guter Überblick über die in der Organisation verwendeten Kennzahlen, ihre Überführung in ein Kennzahlensystem und ihre Bewertung möglich. Sofern möglich, sollten zu ihrer Einschätzung SGA-Statistiken aus internen Quellen, staatlichen Stellen oder der Berufsgenossenschaften genutzt werden. Ggf. stehen auch Vergleichswerte aus der Mutterorganisation oder anderer kooperierender Organisationen zur Verfügung.

9.2   Internes Audit

Anforderungen der Norm
In geplanten Abständen sind interne Audits durchzuführen um zu prüfen, ob das SGA-MS den Anforderungen der ISO 45001 und gemäß den Festlegungen funktioniert und gelebt wird. Dazu muss die Organisation

- ein Auditprogramm etablieren, wo Häufigkeit, Methoden, Verantwortlichkeiten, Konsultationen, Berichterstattung und Schwerpunkte der Audits festgelegt werden
- für jedes Audit Auditkriterien und den Umfang festlegen (Auditplan)
- objektive und unparteiliche Auditoren auswählen
- die Ergebnisse des Audits an zuständige Führungskräfte, Beschäftigte, deren Vertreter und anderen relevanten interessierten Parteien berichten
- Nichtkonformitäten durch geeignete Maßnahmen abstellen und die SGA-Leistung fortlaufend verbessern.

Über die Verwirklichung des Auditprogramms und die Ergebnisse des Audits müssen dokumentierte Informationen geführt werden.

Was soll damit erreicht werden?
In allen Managementsystemen sind interne Audits ein Selbstbewertungsinstrument, um die Angemessenheit und Funktionsfähigkeit ihres Systems zu prüfen. Über die oben genannten Festlegungen soll erreicht werden, dass der Auditprozess kontinuierlich, objektiv und konsistent abläuft, Maßnahmen zur Verbesserung ergriffen und alle relevanten Parteien über die Auditergebnisse informiert werden.

Hilfestellungen für die Umsetzung in der Praxis

Für die Planung und Durchführung von Audits gibt es eine eigenständige Norm, die ISO 19011:2018. Sie hat als Leitfaden empfehlenden Charakter. Zusammengefasst daraus ergeben sich für Organisationen folgende Anforderungen für die interne Auditierung:

1. Erstellung eines Auditprogramms

Das Auditprogramm (vgl. Abb. 9.1) legt über einen definierten Zeitraum fest, in welchen Unternehmensbereichen wann und durch wen welche internen und externen Audits durchgeführt werden. Sie können nach Prozess- und Systemaudits unterschieden werden. Prozessaudits überprüfen die Umsetzung der SGA-Anforderungen in einzelnen Prozessen, wie z. B. der Entwicklung, Beschaffung oder Herstellung. Systemaudits überprüfen die Umsetzung der Managementanforderungen auf den verschiedenen Ebenen bzw. Bereichen der Organisation. Prozess- und Systemaudits können natürlich in einem Audit kombiniert werden.

Es hat sich etabliert, dass interne Audits einmal pro Jahr durchgeführt werden. Nicht alle Normanforderungen müssen in allen Bereichen jährlich abgeprüft werden. Hier können Schwerpunkte gebildet werden, es sollte gewährleistet sein, dass in einem Dreijahreszyklus alle Normanforderungen mindestens einmal auditiert wurden. Manchmal ist es auch möglich, die thematischen Schwerpunkte des internen Audits entsprechend der geplanten Schwerpunkte des darauf folgenden externen (Überwachungs- oder Rezertifizierungs-)Audits festzulegen.

2. Festlegung eines Auditplans

Für jedes interne Audit ist ein Auditplan zu erstellen (vgl. Abb. 9.2). Er stellt gemäß den fachlichen Schwerpunkten aus dem Auditprogramm den zeitlichen Ablauf eines

Bereich	Planung 2018 Internes Audit Sys-A* Datum	2018 Internes Audit Pro-A* Datum	2018 Externes Audit Zertifi.- Audit Datum	2019 Internes Audit Sys-A* Datum	2019 Internes Audit Pro-A* Datum	2019 Externes Audit Überw.- Audit Datum	2020 Internes Audit Sys-A* Datum	2020 Internes Audit Pro-A* Datum	2020 Externes Audit Überw.- Audit Datum	2021 Internes Audit Sys-A* Datum	2021 Internes Audit Pro-A* Datum	2021 Externes Audit Rezert.- Audit Datum	Nachweis Internes Audit erledigt (Termin, Auditor)	Nachweis Externes Audit erledigt (Termin, Auditor)
Oberste Leitung	X			X						X				
UMB	X			X						X				
Beschaffung	X	x		x			x			X	x			
Produktion Halle 1	X	x	X	x	X		X		X	X	x	X		
Produktion Halle 2	X	x		x			X			X	x			
Versand/Lager	X	x		x			x			X	x			
Verwaltung	x	X		x			x			x	X			

Sys-A = Systemaudit
Pro-A = Prozessaudit

Abb. 9.1 Formblatt Auditprogramm

Auditierter Bereich	XYZ GmbH		Datum:	
Regelwerk	DIN EN ISO 45001:2018			
Auditor				
Auditziel	Beurteilung des SGA-Managementsystems mit den Anforderungen der DIN EN ISO 45001:2018 (internes Systemaudit)			

Zeit	Thema	Bereich	Beteiligte	Elemente ISO 45001
8.30 – 8.45	Einführungsgespräch	Alle		-
08.45-09.15	Verantwortung der Obersten Leitung (Kontext, Risiken und Chancen, SGA-Politik, -Ziele und -Programm, KVP, Führung und Verpflichtung; Konsultation und Beteiligung Managementbewertung Rechtskonformität, Notfallmanagement	Geschäftsführung, SGA-Beauftragter		4.1-4.4 5.1-5.4 6.1.1-6.1.4, 3, 6.2 8.2
09.15 – 10.15	Gefährdungsbeurteilung, Kommunikation, Information, Schulung, Notfallmanagement	SiFa, Ersthelfer, Brandschutzhelfer		6.1.2 7.2-7.4 8.2
10.15-11.15	Rechtskonformität, Bewertung der Einhaltung von Rechtsvorschriften und anderen Anforderungen, Schulungen, Kommunikation, Information	Führungskräfte		6.1.3, 9.1.2 7.2-7.4
11.15 – 12.00	Wartung und Instandhaltung, Verantwortlichkeiten, Pflichtenübertragung, Beauftragte	SGA-Beauftragter, SiB, Meister		5.3 9.1.2
…	…			

Abb. 9.2 Formblatt Auditplan

konkreten Audits mit den zu auditierenden Themenfeldern und Auditoren dar. Der Ablauf eines Audits ist gemäß der ISO 19011:2011 standardisiert und besteht in:

- Eröffnungsgespräch
- Auditierung nach Normanforderungen (z. B. durch Interviews, Begehungen, Beobachtungen, Messungen)
- Abschlussgespräch.

3. Entwicklung von Auditchecklisten
Da ein Audit ein dokumentiertes Verfahren darstellt, sind für die Auditierung der Normanforderungen Checklisten zu erstellen, die enthalten:

- Auditkriterien (Soll-Anforderung: aus der Norm oder entsprechend der eigenen Festlegungen?)
- Auditnachweise (Ist-Stand: wie erfolgt die Umsetzung?)
- Auditfeststellungen (was ergibt der Soll-Ist-Vergleich).

Auditkriterien	Auditnachweise	Auditfeststellung		Auditschlußfolgerung		
Anforderungen ISO 14001:2015	verbal	Status K=Konformität NA= Nebenabweichung HA=Hauptabweichung VP=Verbesserungspotential GP=Good Practice		Maßnahmen	Termin	Verantwort-lich
4 Kontext der Organisation						
4.2 Verstehen der Erfordernisse und Erwartungen von Beschäftigten und anderen interessierter Parteien						
• Wurden die anderen interessierten Parteien, zusätzlich zu den Beschäftigten, die für ihr SGA-Managementsystem relevant sind, bestimmt?						
• Wurden die Anforderungen der Beschäftigten und anderen interessierten Parteien bestimmt, die für ihr SGA-MS relevant sind?						
• Wurde bestimmt, welche dieser Erfordernisse und Erwartungen rechtliche Verpflichtungen und andere Anforderungen sind oder zu solchen werden könnten?						

Abb. 9.3 Formblatt Auditcheckliste am Beispiel Abschn. 4.2 der ISO 45001

Auf dieser Basis können Auditschlussfolgerungen (Konformität, Nebenabweichung, Hauptabweichung) gezogen und z. B. mittels Ampelschema visualisiert werden (vgl. Abb. 9.3).

4. Erstellung eines Auditberichts

Die Ergebnisse des Audits werden in einem Auditbericht zusammengefasst. Er enthält alle organisatorischen und fachlichen Informationen zum durchgeführten Audit. Er sollte kurz und knapp abgefasst werden, am besten auf Basis der Auditcheckliste, damit er einen schnellen Überblick über die Ergebnisse und daraus resultierenden Auditfolgemaßnahmen ermöglicht.

9.3   Managementbewertung

Anforderungen der Norm

Auch die oberste Leitung muss das SGA-MS in geplanten Abständen bewerten, um dessen Umsetzungsstand zu bewerten und Festlegungen zu treffen, wie das SGA-MS weiterzuentwickeln ist. Um diese Einschätzungen treffen zu können, muss sich die Managementbewertung mit festgelegten Themen befassen. Auf Basis diesen sog. „Inputs" muss die oberste Leitung Entscheidungen treffen, auch als „Outputs" der Managementbewertung bezeichnet (vgl. Abb. 9.4). Relevante Ergebnisse davon, sind den Beschäftigten und deren Vertreter zu kommunizieren. Die Managementbewertungen müssen über dokumentierte Informationen nachgewiesen werden.

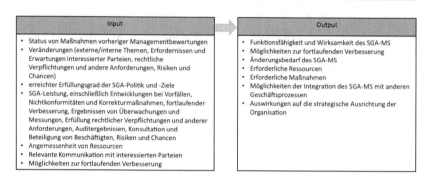

Input	Output
• Status von Maßnahmen vorheriger Managementbewertungen • Veränderungen (externe/interne Themen, Erfordernissen und Erwartungen interessierter Parteien, rechtliche Verpflichtungen und andere Anforderungen, Risiken und Chancen) • erreichter Erfüllungsgrad der SGA-Politik und -Ziele • SGA-Leistung, einschließlich Entwicklungen bei Vorfällen, Nichtkonformitäten und Korrekturmaßnahmen, fortlaufender Verbesserung, Ergebnissen von Überwachungen und Messungen, Erfüllung rechtlicher Verpflichtungen und anderer Anforderungen, Auditergebnissen, Konsultation und Beteiligung von Beschäftigten, Risiken und Chancen • Angemessenheit von Ressourcen • Relevante Kommunikation mit interessierten Parteien • Möglichkeiten zur fortlaufenden Verbesserung	• Funktionsfähigkeit und Wirksamkeit des SGA-MS • Möglichkeiten zur fortlaufenden Verbesserung • Änderungsbedarf des SGA-MS • Erforderliche Ressourcen • Erforderliche Maßnahmen • Möglichkeiten der Integration des SGA-MS mit anderen Geschäftsprozessen • Auswirkungen auf die strategische Ausrichtung der Organisation

Abb. 9.4 In- und Outputs der Managementbewertung. (Quelle: Ecker und Köchling 2018, S. 64)

Was soll damit erreicht werden?

Auch die Managementbewertung ist ein Bewertungsinstrument für das SGA-MS. U.a. durch sie kommt die oberste Leitung ihren Aufgaben in Führung und Verpflichtung nach (vgl. Abschn. 5.1). Es geht darum zu überprüfen, ob das SGA-MS:

- geeignet ist, d. h. ob es zum Betriebsablauf, der Kultur und dem Geschäftssystem der Organisation passt
- angemessen ist, d. h. ob es korrekt verwirklicht wird
- wirksam ist, d. h. ob die mit dem System beabsichtigten Ergebnisse erreicht wurden.

Im Ergebnis der Managementbewertung muss die oberste Leitung Entscheidungen treffen, die ein wesentlicher Impuls für die Ausrichtung und kontinuierliche Verbesserung des SGA-MS sind.

Hilfestellungen für die Umsetzung in der Praxis

Die Managementbewertung wird durch den SGA-Beauftragten und ggf. anderen Verantwortungsträgern vorbereitet und in vielen Organisationen einmal jährlich nach dem internen Audit und vor dem externen Überwachungs- bzw. Rezertifizierungsaudit durchgeführt. Dies hat den Effekt, dass die oberste Leitung nur punktuell in den Bewertungsprozess einbezogen wird. Auch im Sinne der Anforderungen an Führung und Verpflichtung aus Abschn. 5.1 kann es zweckmäßiger sein, die Managementbewertung regelmäßiger durchzuführen und mit Treffen zu verbinden, die z. B. monatlich auf der Führungsebene stattfinden (z. B. Bereichsleiterbesprechungen). Dieses Vorgehen hat den Vorteil, dass die

Thema: „Angemessenheit von Ressourcen"	
Feststellungen (SGA-Beauftragter):	Betreuung über externe SiFa fachlich sehr gut, aber diese ist nicht regelmäßig, sondern nur im Rahmen festgelegter Betreuungsstunden im Unternehmen Terminvereinbarungen sind aufgrund der hohen Auslastung der SiFa kompliziert und nur langfristig möglich, Anfrage, ob eigene Fachkompetenz aufgebaut werden kann
Entscheidung der GF:	Das Unternehmen beauftragt Hr. xy, bisher als Produktionsleiter tätig, sich als SifF ausbilden zu lassen, Stellenumfang 0,5 VZÄ Zur Kompensation des fehlenden Stellenumfangs als Produktionsleiter wird ein Assistent der Produktionsleitung neu eingestellt
Zu ergreifende Maßnahme:	Benennung Hr. xy als SiFa, Änderung seiner Stellenbeschreibung Veranlassen der SiFa-Ausbildung Veranlassen der Stellenausschreibung Assistent der Produktionsleitung
Termin:	
Verantwortlich:	
Überprüfung der Wirksamkeit:	
Termin:	
Verantwortlich:	

Abb. 9.5 Formblatt Management-Review am Beispiel Ressourcen

in der Norm geforderten „Inputs" nicht alle auf einmal, sondern nach thematisch festgelegten Schwerpunkten besprochen werden können. Unabhängig davon, wann und wie oft die Bewertung durchgeführt wird, ist diese zu dokumentieren (vgl. Abb. 9.5). Die Kommunikation wesentlicher Ergebnisse der Managementbewertung kann z. B. im Rahmen der jährlichen SGA-Informationsveranstaltung erfolgen.

Kontinuierliche Verbesserung gewährleisten 10

Das Kap. 10 ist gemäß HLS ein neues Kapitel und hebt die Bedeutung der fortlaufenden Verbesserung im Rahmen von Managementsystemen hervor. Kap. 10.1–10.3 der ISO 45001 werden in diesem *essential* im Zusammenhang besprochen.

Anforderungen der Norm
Es müssen Ansatzpunkte für die fortlaufende Verbesserung bestimmt und dafür notwendig Maßnahmen erzielt werden (Kap. 10.1 der ISO 45001).

Ein wichtiges Hilfsmittel ist Bestimmung und Behandlung von Vorfällen und Nichtkonformitäten. Treten diese auf muss die Organisation (Kap. 10.2 der ISO 45001):

- rechtzeitig auf den Vorfall oder die Nichtkonformität reagieren und angemessene Überwachungs- und Korrekturmaßnahmen ergreifen, um mit den Folgen umzugehen
- unter Beteiligung der Beschäftigten und Einbeziehung anderer relevanter interessierter Parteien Ursachen der Nichtkonformität abstellen durch Untersuchung des Vorfalls/Überprüfung der Nichtkonformität, Bestimmung der Ursachen des Vorfall/der Nichtkonformität, Prüfung, ob vergleichbare Fälle aufgetreten sind oder auftreten können
- die bestehende Bewertung der SGA-Risiken überprüfen
- erforderliche Maßnahmen in Übereinstimmung mit der Maßnahmenhierarchie und dem Änderungsmanagement festlegen (dabei ebenfalls eine Risikobewertung durchführen)
- die Wirksamkeit der Korrekturmaßnahmen überprüfen
- ggf. Änderungen im SGA-MS vornehmen.

© Springer Fachmedien Wiesbaden GmbH, ein Teil von Springer Nature 2019   89
J. Brauweiler et al., *Arbeitsschutzmanagementsysteme nach ISO 45001:2018*,
essentials, https://doi.org/10.1007/978-3-658-24409-5_10

Über die Art der Vorfälle oder Nichtkonformitäten, die daraufhin getroffenen Maßnahmen und ihre Wirksamkeit sind dokumentierte Informationen zu führen und diese den Beschäftigten, ihren Vertretern und anderen relevanten interessierten Parteien zu übermitteln.

Fortlaufende Verbesserung des SGA-MS soll erreicht werden durch (Kap. 10.3 der ISO 45001):

- Steigerung der SGA-Leistung
- Förderung einer SGA-Kultur
- Förderung der Beteiligung der Beschäftigten an der Maßnahmendurchführung
- Kommunikation der Ergebnisse der fortlaufenden Verbesserung an die Beschäftigten und deren Vertreter
- Nachweisdokumente über die fortlaufende Verbesserung.

Was soll damit erreicht werden?

Indem der fortlaufenden Verbesserung ein eigenes Kapitel gewidmet wird, soll der Fokus neben allen anderen Anforderungen an ein SGA-MS auf dessen Hauptziel, nämlich der steten Verbesserung der SGA-Leistung, gelegt werden. Die Organisation kann den Grad, die Schwerpunkte und den Zeitraum der Verbesserung selber bestimmen. Neben dem Abbau von Nichtkonformitäten sollen die Organisationen auch dazu angeregt werden, darüber nachzudenken, eine umfassende KVP-Kultur zu entwickeln.

Hilfestellungen für die Umsetzung in der Praxis

Die Behandlung von Vorfällen und Nichtkonformitäten kann in einem kombinierten Prozess (gemeinsames Vorgabe- und Nachweisdokument) oder auch in getrennten Prozessen geregelt werden. Wichtig ist die Unterscheidung von Vorfällen und Nichtkonformitäten.

▶ **Definition** Ein Vorfall ist ein Ereignis, welches durch die Arbeit oder während der Arbeit auftritt und zu Verletzungen und Erkrankungen führt oder führen könnte.[1] Vorfälle werden daher oft auch als Unfälle bezeichnet (z. B. Sturz mit Beinbruch, Gehörverlust). Führt ein Vorfall nicht zu einer Verletzung oder Erkrankung, aber es hätte die Möglichkeit dazu bestanden, wird dies als „Beinahe-Unfall" bezeichnet (Sturz ohne Beinbruch).[2]

---

[1]Vgl. ISO 45001, Begriffe, 3.35.
[2]Vgl. ISO 45001, A.10.2., S. 83.

Gerade Unfälle und Beinahe-Unfälle müssen sorgfältig untersucht werden, da sie zeigen, dass es noch bestehende Gefahren und Risiken für die Beschäftigten bei der Ausübung ihrer Arbeit oder in ihrer Verhaltensmotivation gibt. Jeder Arbeits- und Wegeunfall ist in der Regel in einer Organisation anzeigepflichtig, so sollte es auch mit Beinahe-Unfälle gehandhabt werden. Gemäß § 193 SGB VII sind Unfälle an den Unfallversicherungsträger meldepflichtig, wenn eine versicherte Person durch einen Unfall getötet oder so verletzt wird, dass sie mehr als drei Tage arbeitsunfähig ist. Die hier schon bestehenden Regeln und Verfahren sollten im Zuge der Einführung/Umsetzung der ISO 45001 nochmals kritisch betrachtet werden (so ist z. B. die erneute Durchführung einer Gefährdungsbeurteilung erforderlich).

▶ **Definition** Unter Nichtkonformität ist die Nichterfüllung einer Anforderung der Norm oder des SGA-MS zu verstehen.[3] Hier kann es sich um die Nichterfüllung rechtlicher Verpflichtungen, das Nichtbefolgen von vorgeschriebenen Verfahren oder auch um eine nicht ordnungsgemäß funktionierende Schutzausrüstung handeln.[4]

Bei der Umsetzung eines SGA-MS können in verschiedener Weise Nichtkonformitäten festgestellt werden, z. B. durch:

- Ergebnisse der Überwachung/Messung/Analyse/Bewertung
- Ergebnisse der Überprüfung der bindenden Verpflichtungen
- Ergebnisse Interner/externer Audits
- Ergebnisse der Managementbewertung
- regelmäßige Betriebsrundgänge
- Abweichungsmeldungen durch Mitarbeiter aus der betrieblichen Praxis heraus
- ein strukturiertes betriebliches Vorschlagswesen
- Äußerungen interessierter Kreise
- Notfallsituationen.

▶ **Definition** Eine Korrekturmaßnahme dient zur Beseitigung der Ursache einer Nichtkonformität und zum Verhindern des erneuten Auftretens.[5]

---

[3]Vgl. ISO 45001, Begriffe 3.34.
[4]Vgl. ISO 45001, A.10.2, S. 83.
[5]ISO 45001, Begriffe 3.36.

Festgestellte Nichtkonformität		Sofortmaßnahme	Ursache	Korrekturmaß-nahme	T	V	Veränderungen im SGA-MS (ggf. Dokumentenname)
Nr.	Bezeichnung						
1	Unvollständige Schulungsnachwei se von Schulungen zum Umgang mit Gefahrstoffen.	Vollständigkeit sprüfung der Schulungs-nachweise der betroffenen Mitarbeiter. Schnellstmög-liche Nach-schulung in Zusammenar-beit mit der SIFA.	Der Schulungs-bedarf wurde bei der Schulungs-planung nicht systematisch unter Beachtung der bindenden Verpflichtungen bestimmt. Kontrollwerkzeuge sind ineffektiv.	Aufbau einer Kompetenz- und Schulungsmatrix als Kontrollwerk-zeug.			Neuregelung Prozess „Schulung"

Abb. 10.1 Formblatt Dokumentation Nichtkonformitäten und Korrekturmaßnahmen

Korrekturmaßnahmen können ganz spontan umgesetzt (z. B. bei akutem Hand-lungsbedarf) oder formal eingeleitet werden (z. B. Auditfolgemaßnahmen). Wich-tig ist, dass festgestellte Nichtkonformitäten einer Ursachenanalyse unterzogen und Korrekturmaßnahmen so definiert werden, dass sie die Ursache beseitigen. Dies ist durch eine Wirksamkeitsüberprüfung zu kontrollieren. Alle diese Schritte sind zu dokumentieren. Dies kann über schon geführte Dokumente erfolgen (z. B. Auditbericht, Kataster der bindenden Verpflichtungen) oder, sofern sie auf ande-ren Weise erkannt werden, über ein spezielles Formblatt (vgl. Abb. 10.1).

Die Umsetzung der Anforderungen der ISO 45001 stellt eine gute Basis für eine fortlaufende Verbesserung des SGA-MS und -Leistung dar. Aber: je länger eine Organisation über ein SGA-MS verfügt, umso schwieriger wird es, spür-bare Ergebnisse für eine kontinuierliche Verbesserung zu erreichen, da das Ver-besserungspotenzial mit zunehmendem SGA-Standard abnimmt.

Der kontinuierliche Verbesserungsprozess (KVP) muss nicht alle Bereiche einer Organisation auf einmal umfassen, sondern hier kann die Organisation – auch unter Berücksichtigung ihrer zeitlichen, personellen, finanziellen und tech-nischen Kapazitäten – im zeitlichen Verlauf Schwerpunkte setzen. Bereiche in denen Potenziale für einen fortlaufenden Verbesserungsprozess liegen und die immer wieder betrachtet werden sollten sind z. B.:[6]

- Bewertung neuer Materialien und Technologien
- Best Practice Beispiele organisationsintern als auch -extern
- Vorschläge, Empfehlungen, Kooperationen mit interessierten Parteien

---

[6]in Anlehnung an ISO 45001, Anhang A.10.3, S. 84.

- neues Wissen
- neue, verbesserte Stoffe
- Weiterentwicklung der Kompetenz der handelnden Personen.

Um den Stellenwert der fortlaufenden Verbesserung in der Organisation weiter zu entwickeln, ist neben der Fokussierung auf o. g. Maßnahmenbereiche der Aufbau einer KVP-Kultur zweckmäßig, die z. B. beinhaltet:

- eine formale politische Willenserklärung der Obersten Leitung
- die Festlegung von KVP-Verantwortlichkeiten
- die Schaffung von Ansätzen/Instrumenten zur Generierung von Verbesserungsvorschlägen durch Mitarbeiter in ihrem Arbeitsbereich
- eine zeitnahe und ernsthafte Umsetzung der Verbesserungsvorschläge
- Regelmäßige Informationen über umgesetzte Vorschläge und deren Ergebnisse (Aushänge, Rundschreiben, KVP-Info-Briefe, KVP-Infotafel)
- die Unterstützung eines regelmäßigen Erfahrungsaustausches von KVP-Verantwortlichen (KVP-Stammtisch, KVP-Erfahrungstreffen) innerhalb der Organisation und überbetrieblich.

Ausblick 11

Hat die Organisation ein SGA-MS entsprechend den Anforderungen der ISO 45001 eingeführt, kann es sich dieses durch eine akkreditierte Zertifizierungsorganisation zertifizieren lassen. Das Zertifikat hat eine Gültigkeit von 3 Jahren und beinhaltet die Pflicht zur Durchführung jährlicher Überwachungsaudits bzw. einer Re-Zertifizierung nach Ablauf der 3 Jahre durch die Zertifizierungsorganisation.[1]

Ist eine Organisation schon nach OHSAS 18001 zertifiziert, muss das SGA-MS binnen einer Dreijahresfrist nach Veröffentlichung der ISO 45001:2018, d. h. bis 12.03.2021, umgestellt werden. Dafür sind verschiedene Schritte notwendig, die in der Umstellungsphase zu einem zusätzlichen Ressourcen- und Zeitbedarf führen. So muss die Organisation:

- sich mit den Anforderungen der ISO 45001 vertraut machen, den SGA-Beauftragten, interne Auditoren und ggf. weiteres Personal schulen
- eine Gap-Analyse des bestehenden SGA-MS zu den Anforderungen der ISO 45001 und ggf. mit der Zertifizierungsorganisation ein Gap-Audit durchführen
- Maßnahmen zur Schließung der Lücken definieren und umsetzen
- mit der Zertifizierungsorganisation ein Transition-Audit zur Überprüfung der Normkonformität durchführen
- ein Rezertifizierungsaudit vor Ablauf der o. g. Frist realisieren.

Der Zeitaufwand für die einzelnen Schritte sollte nicht unterschätzt und v. a. mit der Zertifizierungsorganisation rechtzeitig ein „Fahrplan" für die Umstellung des SGA-MS vereinbart werden.

---

[1]Zur Vertiefung dieses Themas empfehlen wir das *essential* Brauweiler et al. 2015.

© Springer Fachmedien Wiesbaden GmbH, ein Teil von Springer Nature 2019
J. Brauweiler et al., *Arbeitsschutzmanagementsysteme nach ISO 45001:2018*,
essentials, https://doi.org/10.1007/978-3-658-24409-5_11

Was Sie aus diesem *essential* mitnehmen können

- Ein solides Verständnis über Wesen, Struktur und Anforderungen der HLS.
- Fundiertes Wissen zur Interpretation jeder einzelnen Normanforderungen der ISO 45001.
- Anwendungsbereites Wissen, um die Anforderungen der ISO 45001 in der betrieblichen Praxis umzusetzen.

© Springer Fachmedien Wiesbaden GmbH, ein Teil von Springer Nature 2019   97
J. Brauweiler et al., *Arbeitsschutzmanagementsysteme nach ISO 45001:2018,*
essentials, https://doi.org/10.1007/978-3-658-24409-5

Literatur

Barth, C.; Hamacher, W.; Wienhold, L.; Höhn, K; Lehder, G: Anwendung des Geräte- und Produktsicherheitsgesetzes. Leitfaden für Hersteller, Importeure, Händler und Dienstleister, 1. Auflage. Bremerhaven: Wirtschaftsverlag NW Verlag für neue Wissenschaft GmbH 2008.

BAuA/DGUV (Hrsg.) (o. J.): Grundlagen des Entstehens und Vermeidens von Unfällen und arbeitsbedingten Erkrankungen

Brauweiler, J.; Will, M.; Zenker-Hoffmann, A.; Wiesner, J.: Arbeitsschutzrecht, Ein Einstieg in die Materie, 2. Auflage, Springer *essentials*, 2018

Brauweiler, J.; Will, M.; Zenker-Hoffmann, A.: Auditierung und Zertifizierung von Managementsystemen, Grundwissen für Praktiker, Springer *essentials*, 2015

Ecker, F.; Köchling, St.: Die ISO 45001 – Anforderungen und Hinweise, TÜV Media GmbH, TÜV-Rheinland Group, 2018

Einhaus, M.; Lugauer, F.; Häußinger, Chr.: Arbeitsschutz und Sicherheitstechnik, Hanser Verlag, 2018

ISO 45001:2018: Managementsysteme für Sicherheit und Gesundheit bei der Arbeit – Anforderungen mit Anleitung zur Anwendung

ONR 49001:2014: Risikomanagement für Organisationen und Systeme, Risikomanagement, Österreichisches Normungsinstitut

ONR 49002-2: Risikomanagement für Organisationen und Systeme, Teil 2: Leitfaden für die Methoden der Risikobeurteilung, Österreichisches Normungsinstitut

© Springer Fachmedien Wiesbaden GmbH, ein Teil von Springer Nature 2019
J. Brauweiler et al., *Arbeitsschutzmanagementsysteme nach ISO 45001:2018*,
essentials, https://doi.org/10.1007/978-3-658-24409-5

Printed in the United States
By Bookmasters